Childe Harolds Pilgrimsfard

Lord Byron George Gordon

HILDE HAROLDS

Pilgrimsfärd

AF

Lord BYRON.

———

ÖFVERSATT AF

A. F. SKJÖLDEBRAND.

———

STOCKHOLM.

Tryckt hos Johan Hörberg,
1832.

FÖRETAL.

Lord Byron har en gång yttrat den önskan att hans arbeten ej måtte öfversättas. Det har dock redan skett på flere språk; och för det närvarande, kan ett försök mer eller mindre i den vägen, vara likgiltigt. Hans rum bland stora Skalder är dessutom så afgjordt, att hans poetiska ära, äfven af en förfelad öfversättning, ej skulle i något land kunna fördunklas.

Childe Harold torde förtjena främsta rummet bland Lord Byrons poemer. Ämnet, liksom Odysséens, är en resa på haf och land. Det har gifvit ett öppet fält åt hans undransvärda konst att måla. Och de sköna taflor af naturen, af stora karakterer och händelser, af folkseder och fornlemningar m. m. som der förekomma, omvexla med de dystrare af hans eget mörka, djupt känsliga, stundom vilda lynne och deraf följande lidanden; så att då man läst Childe Harold, känner man dess författare, likasom hade man länge omgåtts med honom. Ja, oaktadt det hemska menskohat, han stundom yttrar, finner man sig icke böjd att hata honom. Något ädelt och stort i hans karakter, och en innerlig godhet som synes dold i den djupaste grunden deraf, ingifva snarare en viss tillgifvenhet och medlidande än hat. Hvilken olycka, att han bortrycktes af döden, vid de första stegen på en bana, der han måhända skolat framställa sig för verlden som stor, äfven i andra afseenden än det poetiska snillets!

Stora svårigheter hafva uppstått vid denna öfversättning. Det egna, invecklade och stundom vid första påseende mörka i Lord Byrons styl, har varit en af de förnämsta. Dock bör erkännas att när man gör sig mödan att begrunda denna styl, framställa sig äfven ur de svåraste ställen, stora, lysande och ofta förvånande tankar och bilder. Den skiljer sig häruti från ett skrifsätt, som ger läsaren skäl att ångra allt begrundande, emedan slutföljden deraf blir upptäckten: att ingen mening finnes.

Endast till formen af sitt poem, skulle Lord Byron kunna sägas tillhöra den nya Skolan. Och endast till formen, synes han skilja sig från den gamla. Men allt väl öfvervägdt — har han brutit sig en egen, förut obanad väg, hvilket endast kan lyckas geniet.

Ännu en svårighet har varit nödvändigheten att serskildt öfversätta hvarje Stanz, hvarförutan originalets egna lyriska karakter skulle förloras. Den mängd af tvåstafviga Engelska ord hvilka uttalas och i versen gälla, som enstafviga; då de motsvarande Svenska orden måste uttalas fullt ut — har stundom fordrat att sammandraga meningarna, för att inrymma dem i lika många verser. En stafvelse tillagd vid hvarannan vers, har blott varit en ringa hjelp. Och svårigheten att sammandraga Lord Byrons tankrika och sakfulla styl, torde icke undfalla någon läsare med kännedom af yrket.

Om öfversättaren skulle hafva lyckats att någorlunda öfvervinna dessa med flere svårigheter, och att så mycket som möjligt, skona sina läsare från del-

tagande i mödan som det kostat, vore hans önskan uppfylld.

Noterne som här följa efter hvarje sång, äro tagne ur Författarens egna, af hvilka blott det hufvudsakligaste är användt. De skulle annars utgöra ett band lika stort som poemet. Några få öfversättarens noter äro som sådana uppgifna.

Tryckfel.

			står:	läs:
Sid.	70 rad.	22	ryggens	ryggen
—	79 —	9 —	säng	— säng
—	90 —	22 —	segrat,	— segrat.
—	109 —	23 —	anda	— Ande
—	139 —	27 —	Machiavelles	— Machiavellis
—	155 —	25 —	Här	— Har
—	160 —	19 —	berg.	— berg
—	174 —	4 —	det	— ditt

CHILDE HAROLDS
Pilgrimsfärd.

I. SÅNGEN.

I.

O du, i Hellas trodd af himmelsk börd,
Af Skalden skapad eller diktad Sångmö!
Då du för tidens lyror ofta blygts,
Jag från ditt helga berg, ej vill dig kalla.
Fast vid din vidtberömda källas brädd,
Jag gått, och suckat öfver glömda Delphi, 1)
Der, utom svaga böljan, allt är tyst;
Ej må min röst de trötta nio väcka,
Att höja med sin glans, min låga enkla sång.

II.

En yngling fordom dvalts på Albions ö,
Som aldrig nöje fann på dygdens vägar.
I skändligt sus, han slösade sin dag,
Och nattens tystnad bröt med glädjens högljud.
En oblyg sälle han i sanning var,
Blott på lättfärdig fröjd, ty värr, begifven;
Af allt på jorden, han blott fann behag,
I frillors gunst och vällustfulla samqväm,
Bland tappra drinkare af högt och lägre stånd.

III.

Childe Harold var hans namn; men hvadan kom
Hans ättlängd, här mig lyster ej att nämna.
Nog — den måhända ägde ryktbarhet,
Och i förflutna dagar lyst af ära.
Men en vanbörding fläckar ädelt namn,
Ehuru kändt af makt i fordna tider.
Ej blomstrad prosa, rimmets ljufva lögn,
Ej allt hvad Heraldik ur grafvar samlar,
Förgyller elak bragd och ger åt brottet helgd.

IV.

Childe Harold geck i middagssolens qualm,
Och svingade, som myggorna i dansen;
Och trodde ej, att innan dagen slöts,
En fläckt hans yra glädje kunde isa.
Men förr'n en treding af hans lif förflöt,
Af mer än motgång, Harold fann sig träffad.
Af alla nöjens mätthet han betogs
Och ledsnade att bo i fosterlandet,
Mer ensligt för hans blick än Eremitens tjäll.

V.

Ty lastens labyrint han genomgått,
Och ej försonat hvad han ondt bedrifvit.
Han suckade för många, men blott en
Hans kärlek ägt, och var hans kärlek vägrad.
Ack! lycklig hon, att undgå den hvars kyss
Den kyskas renhet endast kunnat fläcka:
För lättköpt fröjd, han skolat henne fly,
Och med dess parkers rof, sin öcken pryda.
Af lugn och husligt väl, han aldrig värdet känt.

VI.

Och nu, Childe Harold sjuk i hjertat var,
Och ville lemna bachanal'ska vänner.
Det sägs att stundom trängt en bitter tår
Fram till hans öga; men förqväfts af högmod.
Han tankfull, stolt, men rolös, ensam geck,
Och fast beslöt att fly från fosterbygden,
Till brända luftstrek, bort om hafvets svall;
Vid nöjen trött, han liksom sökte qualet,
Nöjd att för vexling gå till sjelfva dödens land.

VII.

Nu skildes han ifrån sin Faders hem,
En vördnadbjudande och vidsträckt byggnad,
Så gammal, att den blott ej falla sågs;
Dock ännu styrka fanns i hvarje hvalfgång:
Ett kloster förr, till lägre bruk nu dömdt!
Nu Paphos Nymfer skrattade och sjöngo,
Der förr vidskepelsen sin boning rest;
Men munkar kunnat se sin tid förnyad,
Ifall, om helga män, bör tros en gammal såg'n.

VIII.

Likväl, i stunder af en galen fröjd,
Ett hemligt agg sågs i hans blickar skymta,
Liksom åminnelsen af dödligt hat
Och af bedragen kärlek doldts derunder.
Men ingen känt och ville känna det;
Ej ägde han en själ, okonstlad, öppen,
Som lindring fann att gjuta ut sin sorg;
Och ej en vän att råda, eller dela
Ett qval, ehvad det var, som öfversteg hans mod.

IX.

Af ingen älskad, fast till glada lag,
Han rucklare från när och fjerran samlat,
Han kände dem att prisa dagens fest
Och blott för kräslig fägnad hjertan äga.
Ej älskad ens af älskarinnors hop,
Han fann att makt och ståt blott qvinnor tjusa;
Och der det finnes, Eros finner väg;
Ty qvinnor, liksom mal, af skenet dåras
Och der Seraf försköts, allena Mammon vann.

X.

En moder ägde Harold — ej förglömd,
Fastän han undvek henne vid sin affärd:
En syster, älskad; men som han ej såg,
Förr'n han sin långa pilgrimsfärd begynte —
Om vänner — han af ingen tog farväl.
Dock, döm ej att af stål var Harolds hjerta.
Och J, som känna lärt hvad dyrkan är
För kära föremål, J smärtsamt rönten,
Att afsked bräckt de bröst, det skolat gifva-bot.

XI.

Sitt hus och hem, sin arfdel, sina fält;
De löjets mör, hos dem behag han funnit,
Blå ögon, sköna lockar; hand af snö,
Som kunnat Eremitens helgd förleda,
Och länge födt hans ungdomsfulla lust;
Hans bägare, af rika viner fyllda
Och allt, som lifvets vällust njuta bjöd,
Han lemnat utan suck, att hafven plöja,
Och hedna stränder se, och jordens medelrand.

XII.

Re'n seglen fyllas af behaglig fläckt,
Från hemmet, liksom glad att honom vefta;
Och hvita klipporna ifrån hans syn,
Bland skummet som dem omger, snart försvunnit.
Han då, måhända, ångrade för sent
Sin lust att vandra; men i bröstet gömdes
Hans tysta tanke; ej från läppen flöt
Ett ord af qval, då andre tårar fällde,
Och göto ut sin sorg för obeveklig vind.

XIII.

Men när i hafvet Solen sänkte sig,
Han tog sin harpa, som han stundom rörde
Till enkla ljud och olärd melodi,
Ej, som han trodde, hörd af okändt öra;
Och nu, på strängarna hans finger for,
Att följa hans farväl i aftonskymning.
Då skeppet flög, af hvita vingar fördt,
Och stränder gungande för ögat flydde,
Han qvad den sista gång, åt land och våg farväl.

I.

Farväl, farväl! Min födslostrand
Försvann i böljan blå.
Vid nattvinds suck och brännings dån,
Hörs vilda måsars skri.
Den Sol, som sjönk i hafvets famn,
Vi följa i sin flykt;
Farväl till honom och till dig,
Mitt fosterland god natt!

2.

Få timmar fly, och Sol står upp,
Att sprida morgonglans;
Och haf och himmel skall jag se,
Men ej min fosterjord.
Min sal så treflig, är nu tom,
Och öde, spisens häll.
På muren vilda buskar gro;
Vid porten tjuter hund.

3,

"Kom hit, kom hit, min lilla sven!
Hvarföre gråter du?
Säg, fruktar du för vågens brus,
För friska vindens gny?
Stryk tåren bort från ögats brädd;
Vårt skepp är starkt och snällt;
Vår bästa falk ej svingar fram,
Mer gladt i luftens rymd." —

4.

"För vindens gny, för vågens brus,
Jag ingen fruktan känt.
Men Herre! undra ej att jag
I sinnet sorgsen är.
Jag farit från en far så huld,
Från älskad moders famn:
Jag, utom dem, ej har en vän —
Blott dig — der ofvan en.

5.

"Mig varmt välsignade min far,
Dock klagade ej högt,

(7)

Men svårt min moder sucka skall,
Tills hon mig återser."
"Nog af, nog af, min lilla sven!
Dig pryder sådan tår.
Ack! ägde jag så menlöst bröst,
Ej ögat vore torrt.

6.

"Kom hit, kom hit, min odalkneckt!
Hvi synes du så blek?
Säg, fruktar du fransk örlogsman?
Säg, bäfvar du för storm?" —
"Tror du, jag fruktar för mitt lif?
Nej; jag är ej så svag.
En lemnad makas minne blott
Gör blek den trognes kind.

7.

"Hon, gossarna bo när ditt slott,
Vid insjöns krökta strand;
Och när de ropa åt sin far,
Hvad skall hon svara dem?" —
"Allt nog, allt nog, min gode man,
Ej tadlas bör din sorg.
Men jag är lättare till mods,
Och ler åt fjerran flykt.

8.

"Ty hvem kan tro på synbar suck
Af brud, af älskad mö?
Ny vän skall torka ögat blå,
Som nyss i tårar flöt.
Förflutna nöjen mig ej bry,
Ej nära farors hot.

Ty värr! jag intet lemnat qvar
Som kallar fram en tår.

9.

"Jag nu i verlden ensam är,
På vida vida haf.
Jag ej för någon sucka bör;
Hvem suckar väl för mig?
Kanhända qvider än min hund;
Men, född af annan hand;
Han, vid min sena återkomst,
Som fremling, biter mig.

10.

"Med dig, min båt, jag far så fort,
På skummig böljas rygg.
Likgodt till hvilket land det bär,
Blott ej till mitt igen.
Välkommen mörkblå vågors prakt.
När jag ej ser dig mer,
Välkomna öcknar, hålors djup!
Mitt fosterland — God natt!"

XIV.

Fort flyger skeppet fram, ej syns ett land;
Biscayas fjord är rolös, skarp är vinden.
Re'n fyra dagar flytt; den femte, syns
I hast ny strand; hvart bröst af glädje svallar,
Dem helsar under kosan, Ciptras berg,
Och Tagus, hastande till hafvets afgrund,
Att skatta dit en diktad sand af guld.
Ombord; de Lusitanska Lotsar skynda,
Och styra mellan land, som fruktbart, plöjs af få.

XV.

O! hur förtjusande det är att se
Hvad himlen gjort för dessa sköna länder!
Hvad frukt med vällukt rodnar på hvart träd,
Hvad utsigt vidgar sig från hvarje kulle!
Skall allt förstöras af en gudlös hand?
Men när sig Allmakts arm, till straffet lyfter,
Mot dem, som brutit mest dess helga lag,
Här trefalld hämd skall med dess viggar falla,
Och rensa jordens fält, från Galliens Locust här. 2)

XVI.

Hur skönt för ögat Lisabon står fram,
Sig speglande i dessa stolta vågor,
Hvars botten Skalder fåfängt höljt med guld,
Hvars yta tusen kölar nu betäcka
Med väldig makt, se'n Albion i förbund
Med Lusitanien, hjelp beväpnad sänder.
Ett folk af högmod och okunnighet,
Här kysser, hatande, den hand som lyfter
Sitt svärd till dess beskydd mot ömkanlös despot.

XVII.

Men hvem som träder in i denna stad,
Som fjerran sedd, sig paradisisk låfvar,
Skall snart der tröstlös vandra upp och ned,
Bland ting, odrägliga för fremlings öga.
Ty slott och kojor höljas der med smuts,
I smuts der träder borgarn, stolt och högljudd 3)
Ej någon der, af högt och lägre stånd,
Sig bryr om snygghet uti rock och linne,
Ej från Egyptiskt qval af kam och borste värjd.

XVIII.

Hvad usel slaf, bland ädla syner född!
Natur! hvi slösar du här, dina under?
Der träder Cintras Eden fram med prakt,
I skiftad massa utaf berg och slätter.
Med pensel eller penna, ack! hvad hand
Kan följa hälften af hvad ögat röjer,
Af taflor, bländande för dödlig syn,
Långt mer än allt hvad Skalden oss förtäljer,
Som för en häpen verld slog upp Elysiums port. 4)

XIX.

Der framstår klippan mörk, af kloster krönt,
Och gräsig brant betäckt af frostlikt korkträd;
Der bergets måssa, brun af solens eld,
Och sollös däld, hvars buskar daggen drypa,
Der azur, klart på hafvets jemna fält,
Der brandgult sken som grönskan skönt förgyller,
Der forsar, störtande från höjd till dal;
Högt, vinets ranka, lägre, pilens grenar,
Allt i en enda syn, med skiftad fägring ler.

XX.

Klif sakta på den ofta krökta väg,
Och stadna i din gång, att ögat vända.
Ny prakt från högre klippor yppas der.
Men hvila nu vid vårfrus hus af plåga, 5)
Der tarflig munk dig små reliquier ter,
Och fägnar fremlingen med mängd legender:
Hur gudlöst folk här funnit straff, och se!
Honorius länge dvalts i denna håla,
Och gjort, att himlar nå, till helvete sitt lif.

XXI.

Men här och der på brutna klippor, se
En mängd af illa täljda kors vid stigen.
Tro ej af helig andakt dem en skänk;
Nej, bräcklig minnestod af blodig vrede;
Ty hvar ett offer under mördarns jern,
Med fåfängt rop, har blod och lif förlorat,
Der, någon hand rest upp ett kors af träd.
Och skog och fält af slika minnen hvimla,
I detta blodets land, der lag ej skyddar lif. s)

XXII.

På sluttad vall, i dalen under den,
Ses höga domer, fordom kungars hemvist.
Nu vilda blomster endast trifvas der;
Men åldrig prakt än i ruinen dröjer.
Der åter tornar furstens fagra slott:
Der, Vathek! du, af Englands söner rikast,
Dig skapat Paradis, men ej betänkt
Att då sitt hela välde rikdom öfvat,
Den stilla friden flyr från vällusts öfverflöd.

XXIII.

Här dvaldes du; vid fot af lummig höjd,
Du planer tänkte ut för nya nöjén.
Nu, som ett ting, af menniskor fördömdt,
Din tjustá boning liksom du är enslig.
Här högväxt ogräs lemnar knapt en stig
Till öppna portars gap och toma salar:
Ny lärdom för de djerfva menskors hug,
Om vanskligheten af all jordisk fägnad,
Af tidens härjningsvåg snart i ruiner lagd.

XXIV.

Se der den sal, der chefer sammanträdt. 7)
Ack! ej behagligt hvalf för Brittiskt öga.
Med narrens mössa, kallad diadem,
Ett litet troll, som skämtar oupphörligt,
Der syns i skrud af pergament, och bär-
Vid sidan stort signet, och rulle teknad
Med kända namn, från Riddartidens häfd.
Och prydd med brokig mängd af vapenbilder,
Dem barnet pekar ut med gladt och högljudt skratt.

XXV.

Den dvärgdemon hvars namn är Convention,
Qväst Riddersmän i Marialvas salar;
Och, om de hjernor ägde, dem förtog,
Och folkets svaga fröjd i mörker bytte.
Här dårskap slog till jorden segrarns krans,
Och slughet återtog hvad svärd förlorat.
Ej våra hjeltars lagrar blomstra här!
Ve för den segrande, väl för den slagne!
Triumfen trånar, stäckt på Lusitaniens kust.

XXVI.

Allt sedan krigs-synoden samlats der,
Brittannien vämjs vid blotta namnet Cintra;
Och män af välde qväljas då det nämns,
Och skulle blygas, om de kunde blygas.
Hur skall en efterverld förkunna slikt!
Och vårt och andra folk, med hånets löje,
Se våra krigsmäns ära från dem ryckt,
Och dem af öfvervunna folk besegras!
Dem skall i längd af år, föraktet peka ut.

XXVII.

Så dömde Harold, när på dessa berg
Han sänkt i tankar, vandrade som ensling.
Ljuf syntes trakten; men han ville fly,
Orolig liksom svalorna i luften;
Dock i betraktelser han stundom föll,
Och lärde här att handlingsvärde väga;
Här vunnen sansning hviskade förakt
För lifvets vår, förspilld i galna nycker.
Men fäst vid sanning, blef hans qvalda öga skumt.

XXVIII.

Till häst! till häst! och han för alltid flyr
Så fredlig syn, så lugnande för själen.
Han återväcks ur stundligt tankedjup;
Men söker ej de nöjen, förr han sökte.
Han framåt far, ej fästadt är det mål,
Der i sin pilgrimsfärd han ämnar hvila.
Än, sceners mängd skall hvälfvas för hans syn,
Förr'n mödan svalka kan hans lust att vandra,
Och lugna hjertats svall, med klok erfarenhet.

XXIX.

Men Mafra a) fordrar dock en hvilostund;
Der förr, ej lycklig, lefde Lusiens Drottning;
Der hof och kyrka blandade sin glans,
Och mässor vexlade med glada fester,
Med hofmän, munkar — illa samladt lag.
Men här, den Babylonska skökan byggde,
Ett slott, der hon är sedd i herrligt sken
Och män förglömde allt det blod hon gjutit,
Att böja knä för ståt, som skönt förgyller brott.

XXX.

Mång dal af frukt betäckt, romantisk höjd'
(Hvi bärs ej friborn ätt af slika kullar?)
Childe Härold öfverfar bland lummig prakt;
Och allt med ögats vällust han beskådar,
Fastän af lättingar, dåraktigt döms,
Beqvämlig stol för denna ro att lemna,
Och mäta långa vägar med besvär.
Ack! bergets luft en okänd sötma doftar,
Ett lif, som aldrig njuts af lättjans tröga barn.

XXXI.

Men snart för ögat bergen blekna bort,
Och mindre fruktbart dälderna sig vidga;
Omätligt fält, begränsadt blott af skyn,
Sist efter så förtjusta landskap följer.
Nu Spanien syns der herden vallar får
Hvars rika ull hvar köpman lärt att skatta.
Nu väpnas herden till sin hjords beskydd;
Ty Spanien fylls af fiender, ej blida;
Allt fordrar nu försvar att undgå trälars qval.

XXXII.

Der Lusitanien af sin syster möts,
Vet du hvad gränsor dessa riken skilja?
Mån Tajos stolta våg der flyter fram,
Emellan dessa kungliga rivaler?
Mån der *Sierra* höjs i dyster prakt?
Mån likt Chinesens mur, ett värn är upprest?
Nej; ingen mur och ingen mäktig flod
Och inga berg, förfärliga och mörka,
Likt dem som Spaniens land och Galliens mellanstå.

XXXIII.

'. En sparsam silfvervåg är denna gräns,
Och knapt ett namn den ringa bäcken unnas.
Dock stridig makt dess gröna bräddar når./
Här mót sin staf sig maklig herde lutar,
Och sysslolös på vattnet ser, hvars lopp
Är lika lugnt emellan fienders härar.
Spansk bonde stolt är som en ädel Drott,
Och drängen, vidt i rang sig känner afskild
Från Lusitaniens träl, ibland de låga lägst. 9)

XXXIV.

Ej långt från denna gräns man vandrat fram,
Då mörk Guadiana vältrar sig så mäktig.
J vreda böljor sorlande och vid,
Berömd i gamla tiders kärleksquäden.
Legioner möttes förr på denna strand
Af Mohr och Riddare i blanka harnesk.
Den snabbe slöt sitt lopp, den starke föll;
Turbanen och den kristna hjelmens prydnad,
Allt mängdt på blodig våg, af härars pråmar tryckt.

XXXV.

O Spanien! Förr berömdt, romantiskt land!
Hvar är standaret som Pelagio förde,
När Cavas 10) far, lömsk kallat fram det band,
Som fyllt med blod af Göther, bergens floder?
Hvaf, blodiga baner dem vinden lyft
Med seger fordom öfver dina söner,
Då härjarhären drefs ifrån din strand,.
Då korset blänkte rödt, och halfmå'n bleknat
Och afrens echo ljöd af mödrars klagorop?

XXXVI.

Hvar folksång är af segersagan fylld.
Ack! sådan lön var stundom hjeltar ämnad.
När häfden brister, stenen multnat bort,
Blott herdens sång förvarar oviss ära.
Sänk, högmod! lyfta blicken på din lott;
Se maktens minne inskränkt i ett quäde.
Kan ej din storhet, skrift och stod och hög
Förvara, den åt enkel säg'n skall lemnas,
Då smickret dödt med dig, och häfd ej gör dig rätt.

XXXVII.

O, vaknen, Spaniens söner! träden fram!
Er fordna Guddom, Ridderskap, er kallar;
Hon för ej mer det spjut, som törstar blod,
Ej skakar högt mot molnen, hjelmens fjädrar;
Men sväfvar nu på rök af blixtars eld,
Och talar genom dundret af kanoner.
I hvarje knall, hon ropar: vaknen fort!
Är hennes röst mer svag än den var, fordom,
Då hennes härskri ljöd på Andalusiens kust?

XXXVIII.

Hör! gungar jorden ej vid hofvars dån?
Och skallar icke stridens brak på heden?
Hvem föll för sabeln, rökande af blod?
Ack! skynden J ej fram att frelsa bröder,
Som för Tyranner eller slafvar dö? —
Dödseldar ljunga högt — från brant till branter
Hvar salfva kungör tusen släckta lif.
Död rider på den svaflade sirocco.
Röd, stampar krigets Drott; nationer stampen känt.

XXXIX.

XXXIX.

Se, hvar på höga berget jätten står,
Med flätor, blodiga, i solen mörka,
Med dödsklot, glödande i hand af eld,
Och öga brännande ehvad det träffar.
Det stundom hvälfver stelt; och hastigt far
Med blixt omkring. Vid fot af jern sig lutar
Förstörelsen, att teckna bragd som sker,
Ty tre nationer, denna morgon mötas,
Att gjuta ut det blod, som härjarn fägnar mest.

XL.

Vid Gud! Det är en ståtlig syn att se
(För den, ej äger der en vän, en broder.)
Se skilda vapen glittra högt mot skyn,
Och färgor stridiga, på guldsydd klädnad.
Hvad makt har dessa från sin hvila väckt?
Hvad krigets ulfvar, tjutande af roflust?
Allt jagten delar; segren njuts af få;
Ty största lott af rof, skall blifva grafvens;
Af glädje, döden knappt kan räkna slagnas mängd.

XLI.

Tre härar sig förent att offra här.
Tre tungmål skiljda tal i luften höja;
Tre slag af fanor ses mot ljusblå sky;
Här ropas: Gallien, Spanien, Albion, seger!
Här fienden, offret och dess bundsförvandt,
Som strider för dess väl, men fåfängt strider,
Allt möts — liksom ej hemma gafs att dö —
På Talaveras fält, att korpar föda,
Och göra fruktbart, land som hvar vill äga sjelf.

2

XLII.

Der, ärelystnans dårar, multnen der!
Men äran ·helgar torf på deras grafvar,
. Villfarelse! I dem blott verktyg se,
Ja, bräckta verktyg, dem tyranner vräka .
I myriader, se'n de stenlagt väg
Åt sig med menskohjertan — för en drömbild —
Kan herrskarn styra allt som nämnes hans?
Och kan en spann af jord hans egen kallas,
Förutan den der han skall hvila, ben, vid ben?

XLIII.

O, Albuera! ärans, sorgens, fält!
När på dess rymd, vår Pilgrim hästen sporrar —
Hvem föresåg der, inom tid så kort
En strid, der hvarje sida skröt och blödde?
Frid öfver slagna stridsmän! Deras lön
Må af triumfens tårar än förlängas!
Tills andra stupa under nytt befäl,
Ert namn skall höras bland de häpna hopar,
Och sorgligt ämne bli för snart förgänglig sång.

XLIV.

Men lemnom krigets gunstlingar. De må
Fortsätta spel om lif med ryktets åtrå.
Ja, ryktet knappt skall lifva deras mull,
Fast tusen dö att en med ära kröna.
I sanning, bör ej hindras ädel drift
Hos krigarn, lönt att kämpa för sitt hemland,
När lifvet spardt måske dess ära kränkt,
Och sist, hvem vet? — i borglig fejd förslösats,
Måske, i trängre krets, i plundrings vilda fart.

XLV.

Fort Harold mäter dit en enslig väg,
Der stolt Sevilla segrar, än ej knfvad;
Hon än är fri, — ett länge önskadt rof! —
Snart, snart skall äfven dit eröfring sträckas
Och märka sköna hus med kulors spår.
Ack! oundviklig stund! Mot ödet kämpa,
Der hungrad härjare har insteg nått,
Är fåfängt. Annars. Tyr och Ilion stodo,
Och dygd besegrat allt; och mord ej funnes mer.

XLVI.

Ej anas här den dom som stundar snart;
Här glada lag och sång och fester hvimla.
Bland underbara nöjen tiden flyr;
Af fosterlandets sår här ingen blöder;
Ej krigsbasun, men kärleks-cittra hörs;
Här dårskap sina dyrkare beherrskar,
Och ungögd lättfärd går sin midnatts rund.
Med hufvudstäders tysta brott begördladt,
Här hvarje slag af last sig fäst vid bräcklig mur.

XLVII.

Ej så hos Landtbo'n och hans skrämda brud.
Han lystrar, och törs knappt sitt öga kasta,
Af fruktan att sitt vinland vissnadt se,
Och ödelagdt af krigets härjningsfloder.
Ej mer med aftonstjernans bifall hörs
Fandango muntra castagnetten skaka.
Monarker! Om J känden denna fröjd;
J den, för ärans irrbloss, ej förstörden.
Då blefve trumman tyst, och menskan åter säll.

2*

XLVIII.

Hvad är nu friska åsnedrifvarns sång,
Åt kärlek och Romans och andakt helgad,
Då förr han muntrade sin långa väg,
Och lätta bjellror klingade i farten?
Nu i sin gång han qväder: *Viva el Rey!* 11).
Och qvädet bryter af, att Godoy 12) smäda,
Och dubbelt krönta Carl; förbannande
Den stund, då svartögd pilt sågs af en Drottning,
Och ur vanhelgad bädd, steg landsförräderi.

XLIX.

På denna vida slätt som innesluts
Långt bort, af berg med mohrers torn bebyggda,
Är hela jorden märkt med hästars spår.
Af elden svärtad, torfvens grönska tyder,
Att fiends här var Andalusiens gäst.
Här lägret var och här dess vakteld tändes.
Här, djerfve bonden stormat drakens bo.
Han visar stället än med segrens högmod,
Och pekar på hvar höjd, som togs och återtogs.

L.

Här hvem som helst, du möter på din väg,
På mössan bär en ros af röda färgen; 13)
Den tyder hvem bör helsas eller flys.
Ve den, som på en allmän plats sig vågar
Förutan detta redlighets bevis.
Skarp här är knifven, och dess styng är hastigt;
Här vore sorglig franska krigarns lott,
Om fina dolkar under manteln gömda,
Förslöat sabelns egg och motat kulans fart.

LI.

I hvarje vrå, Morenas mörka höjd
Uppbär ett batteri och jernets börda;
Så långt som mensklig syn i längden sträcks,
Ses berghaubitzer, genombrutna vägar,
Tät palisad och graf med vatten fylld,
Utsatta vakter, aldrig toma poster,
Bergfasta förrådshus med torkningsugn,
Och hästar under vida halmtak skylda,
Och kulors pyramid och luntan alltid tänd. 14).

LII.

Allt bådar bragd som stundar — Han, hvars nyck
Från väldet störtat svagare despoter,
Ett ögonblick har hejdats i sitt lopp,
Ett ögonblick han värdigats att dröja.
Men snart, hans legioner tränga fram;
För verldens plågoris skall Vestern blöda.
O Spanien! gruflig blir din räknings dag,
När Galliens örn här sina vingar breder,
Och dina söners hop till Hades vältras ned.

LIII.

Och skall, att öka svällda Drottens makt,
I blod allt ungt och stolt och tappert falla?
Är valet slafvens lydnad eller död,
Ohejdad sköfling eller Spaniens bane?
Och kan den makt som verldars öden styr,
Befalla slikt och nödens rop ej höra?
Är då förgäfves all förtviflad bragd,
Och visdoms råd och patriotens ifver,
Erfaren veteran, mansåldrens bröst af stål?

LIV.

Var det för slikt, sig rest den Spanska mö,
På videt cittran hängt att mer ej ljuda!
Och glömt sitt kön att bära vapnens tyngd,
Och sjunga krigssång, våga krigets bragder?
Hon, som vid åsyn blott af sår, blef kall,
Och skrämdes af en ugglas skrän i natten,
Ser Bayonett som bryter stolt kolonn,
Och sabelns blixt; och öfver hop af döda,
Går med Minervas steg, der Mars, sjelf hade ryst.

LV.

Du, som med undran hennes saga hör,
Ack! Om du henne känt i lugna dagar,.
Sett svarta ögat täfla med dess flor,
Hört hennes ljufva röst i grönskad löfsal,
Sett hennes lockar trotsa målarns konst,
Och växt af Nymf, med allt behag af könet —
Du trodde knappt att Saragossas torn
Ser henne le mot farans Gorgon-skepnad,
Förtunna slutna led, till stormning föra an.

LVI.

Dess älskling stupar — Ej är tårens stund.
Anförarn föll — hon i hans ställe träder.
Men troppen flyr — hon hejdar flyktens lopp.
Nu fienden vek — hon anför att förfölja.
Hvem kan försona så en älsklings hamn?
Och hvem anförarns fall så väldigt hämna?
Hvad qvinnas mod står fast, när mannens vek?
Hvem flyr så harmsen der på utsträckt fåle,
Och slås af qvinnohand framför befästad vall? 15)

LVII.

Ej Spaniens mö är Amazoners ätt,
Mer, skapt för kärleks hela konst af tjusning;
Fast i phalanxen, djerf hon träder fram,
Och täflar stolt, i vapen med dess söner;
Det är blott ömma dufvans hjeltemod,
Som hackar handen, sträckt mot hennes make.
I mildhet som i kraft hon öfvergår
De länders qvinnor, som för talkonst prisas,
Måhända lika skön, med högre lyftad själ.

LVIII.

Den lilla hålan kärlek i dess kind
Med lätta finger tryckt, dess lenhet röjer;
Den kyss, som tvekar vid dess rosenläpp,
Ber gossen visa mod att den förtjena.
Hur vild och skön dess blick! Dess fagra hy,
Förgäfves solen sökt med skenet dunkla;
Den glöder skönare af strålars våld.
Hvem vill i Norden qvinnors blekhet söka,
Med skepnad mindre rik och trånande och vek?

LIX.

Klimatet som af Skalder prisas högt,
Och Harem i de länder der jag, fremling,
Långväga lyran slår till sannt beröm
För skönhet som cynikern ej kan jäfva —
Jemfören Houris — dem J unnen knappt
En fläkt, och tron att kärlek fläkten rider —
Med Spaniens döttrars blick. Och veten; der
Profetens paradis i verket finnes:
Det är, som änglar god och svartögd himlamö.

LX.

O du, Parnassus! 16) som jag här beser,
Ej med en drömmares förförda blickar,
Ej uti taflan af en diktad sång;
Men lyftande med ståt en snöklädd hjessa
Igenom hemfödd sky, i bergets majestät.
Hvad under, om jag här en sång vill våga?
Den lägsta pilgrim, vandrande förbi,
Vill röra strängen och ditt genljud mana,
Fast Sångmö från din höjd ej lyfter vingen mer.

LXI.

Jag ofta drömt om dig. Och den ej lärt
Ditt namn, ej vet hvad menskan mest förgudar.
Nu då jag ser dig, ack! det är med blygd,
Som blott med svaga ljud, jag kan dig dyrka.
Jag bäfvar, och kan endast böja knä,
Då dina fordna dyrkare jag minnes;
Jag kan ej höja röst, ej sinnets flykt,
Blott seende din höjd bekrönt af molnen,
I tysta tanken glad, att det är dig jag ser.

LXII.

Mer lycklig lott än största Skalder ägt,
Dem ödet stängt i vidt aflägsna bygder!
Skall jag då kall, så helgad trakt bese,
Som, fast ej känd af dem, så många tjusat?
Om ej Apollo grottan mer bebor,
Och Sångmörs Tempel deras graf är vorden;
Likväl en vänlig ande sväfvar här:
I grottan tyst, i vädrets fläkt han suckar,
Och far med glasig fot på Sångar-bäckens våg.

LXIII.

Mer framdeles om dig. I sångens lopp,
Jag afvek, för att här min dyrkan offra,
Och glömde Spaniens söner, mö'r och land,
Dess öde, kärt för alla fria hjertan,
Att helsa dig, måhända med en tår.
Till ämnet nu. Dock från din helga boning,
Låt mig en lemning få, ett minne blott,
Ett löf, från Daphnes evigt gröna planta;
Men se ej högmods drift i vandrarns ringa bön.

LXIV.

I Greklands ungdom aldrig, sköna. berg!
Du såg mer fagert chor kring Jättefoten:
Ej Delphi, när med mer än mensklig eld,
Prestinnor sjöngo hymn till Pythierns ära,
Såg samlas flock, mer skapt att kalla fram
Ljuf kärleks sång än andalusiens tärnor,
Uppfostrade i milda lustars sköt.
Ack! att så fredligt löftak dem beskuggat,
Som Grekland bjuda kan, fast nu på ära tomt!

LXV.

'Sevilla stolt och skön! Dess egen bygd
Dess skatter, kraft och fordna lott må prisa;
Men Cadix lysande på fjermad strand,
Begär ett lof mer ljuft, fast ej så ädelt.
O last! Hur lätt är ej din vällusts väg,
Och hvem kan fly, då ungdomsblodet svallar,
Förvillelsen af så förtrollad syn?
En Cherubhydra, du omkring oss gapar;
Och efter hvarje smak, din skepnad vexlar ljuft.

LXVI.

När Paphos föll för Tiden — grymma Tid!
Allt kufvande Gudinnan för dig vikit.
Dess nöjen flytt till luftstrek, lika varmt;
Och Venus, trogen hafvet, der hon föddes,
Blott trogen det, sin boning flyttat hit,
Och fäst sin helgedom bland dessa murar.
Men icke blott ett Tempel inneslöt
Dess dyrkan. Tusen altar höjdes,
Der hennes offereld beständigt brinner klart.

LXVII.

Från morgonen till natt och dit igen,
Framler med rodnad, löjets lätta skara,
Och sången hörs, och flätas rosors krans;
Små knep och glada infall, alltid nya,
Tätt följas åt. Den bjuder långt farväl
Åt ädla nöjen, som en tid här dröjer.
Utsväfningen ej bryts, fastän här tänds,
I stället för sann andakt, munkars rökverk.
Med kärlek enas bön och delar tidens lopp.

LXVIII.

Men sabbat kommer, helga hvilans dag,
Hur firad uppå dessa kristna stränder?
Se! till en allmän högtid helgas den.
Hör hjordarnas monark förfärligt vråla.
Han krossar lansen vädrar blodets fors,
Af man och häst, dem han med hornen störtaf.
Arenan skallar fordran efter mer;
Så ropas öfver nyss utryckta tarmar;
Ej rysa qvinnor här, ej ens att rysa låts.

LXIX.

Så sjunde dagen, menskans jubelfest.
Men London! Bönens dag du bättre känner.
Din prydda stadsbo, tvättad handtverksman,
Och snyggad lärling fria luften hämta;
Din hyrvagn, Whiskey, chäs blott för en häst
Och ringa kärra rulla till hvar förstad,
Och dän till Hampstead, Brentford, Harrow fram,
Tills usla hästen mer ej hjulen hvälfver,
Och från hvar lurk till fots hörs afunds bittra hån.

LXX.

En del på Themsen, bandprydd skönhet ror,
En ann far genom bom, på säker landsväg.
En del på Richmonds höjd, till Ware en del,
Och andre gå till Highgates höga branter.
Boeotiens skuggor 17)! frågen J hvarför?
Jo, detta sker, högtidligt horn till dyrkan 18)
Omfattadt af Mysterens helga hand,
Och i hvars namn båd män och flickor svurit
Ed, helgad genom dryck och dans till morgonen.

LXXI.

Hvar har sin galenskap; ej så är din,
Skön Cadix, upprest öfver mörkblå hafvet!
Så snart, din morgonklocka, nio ringt,
Hvar helig dyrkare sitt radband räknar.
Starkt plågas Jungfrun att befria dem
(Jag tror, den enda jungfrun som der finnes)
Från brott, så många som dess bedjare.
Se'n skyndar allt i trängsel fram till banan;
Ung, gammal, hög och låg i nöjet taga del.

LXXII.

Re'n öppnas bommen, vida banan tøm —
Och rundtomkring på tusen, tusen hvälfvas.
Långt förr'n trumpetens första ljud är hördt,
För den som dröjt ett enda rum ej finnes.
Här trängas *Grander, Dons,* men damer mest,
Förfarna i de skälmska blickars kastning.
De gifva sår men gerna läka dem;
Och ingen här, som galne skalder klaga,
För deras hårdhet dödt af kärleks grymma pil.

LXXIII.

Re'n tystnar allt, På stolta hästar nu,
Med snöhvit plym, guldsporrar, lätta lansen,
Djupt bugande för läcktarn, skynda fram,
Till bragd beredde fyra Cavalleros;
Rikt prålar drägten, springarn dansar skönt.
Om i så farligt spel, i dag de lysa,
Af mängdens rop och qvinnors ljufva blick,
De njuta lön som anstått bättre bragder;
Och kungars, hjeltars lott blir deras mödors pris.

LXXIV.

J klädnans prakt och yppig mantel höljd,
En Matador till fots, med viga lemmar,
I midten står, till anfall stolt beredd,
Mot hjordars Drott; likväl ej förr än banan
Med streck försigtigt omhvärfd, hindra kan,
Att något skymtar fram, hans lopp att hejda.
I vinden ställd, en dart han för. Ej mer
Af man kan väntas, utan hjelp af hästen,
För mannen, ofta dömd att lida och att dö.

LXXV.

Tre ljud trumpeten ger; signalen fälls;
Vidt öppnas hålan. Väntan stum sig breder
Kring hela kretsens folkuppfyllda rymd.
Förfärligt, med ett språng, nu monstret framfar,
Vildt stirrar, sanden slår med klöfvars dån;
Dock mot sin fiende, ej blindvis rusar;
Med hotfull panna, syftar hit och dit
Till anfall, och med vrede svansen svänger,
Och bistert hvälfver om ett öppet ögas glöd.

LXXVI.

Han stadnar nu och ögat fästs. Nu bort,
Ur vägen, sorglös pilt! Bered nu lansen:
Tid är att stupa eller röja här,
Hvad konst förmår att vilda farten hejda.
Med välfördt lopp sig kastar öfvad häst;
Fram rusar fraggig tjur; men ej oskadad;
Re'n från hans sida spritter blodets fors;
Han flyr, han vältrar sig, af qval förtviflad;
Tätt följas lans och dart, högt vrålar han sin nöd.

LXXVII.

Han vänder om; ej båta lans och dart;
Ej vilda språng af häst i striden sårad,
Ej mannens anfall väpnad nu till hämd.
Förgäfves vapnen, mer förgäfves styrkan!
En ädel häst är utsträckt, stympadt lik;
En annan, ryslig syn! upprifven röjer
I blodigt bål hvar flämtar lifvets pust.
Fast döende, han matta kroppen uppbär,
Sjelf vacklar, men sin man ur striden oskadd för.

LXXVIII.

Qväst, blodig, andfädd, men till slutet grym,
I midten Tjuren står och döden trotsar,
Med sår, bland fästa dolkar, brutna spjut
Och fiender, förlamade i kampen.
Nu Matadorerne begynnt sin lek;
Röd mantel skakas, färdig dödsudd måttas.
Med dunder Tjuren åter bryter väg;
Förgäfves. Öfver ögat manteln kastas;
Allt är förbi; och han mot sanden sjunker ned.

LXXIX.

Der vida halsen träffar ryggens rand,
Dödsvapnet intryckt göms i jätteskepnan.
Han stadnar — rycks — ej värdigas att fly;
Men sakta faller under rop af seger,
Och utan suck och utan dödskamp dör.
Den prydda charen syns; der högt upplyftad,
Läggs kroppen, ljuflig syn för vanlig blick.
Två hästars par, med skyars fart nu föra
Den mörka kroppen bort, som knappt i loppet syns.

LXXX.

Och sådan är den lek, som Spanska mön
Ett nöje bjuder, Spanska gossen fägnar.
Vid blodsyn tidigt fostrad, fröjdar sig
I hämd hans hjerta, kallt för andras plåga.
Af enskild fiendskap fylls hvarje by.
Och fast en väpnad hop i härnad tågar,
Ty värr fins folk i låga hyddor nog,
Mot vänners bröst att lömska dolken hvässa,
Och gjuta lifvets flod, af ringa skäl till harm.

LXXXI.

Svartsjukan här dock bom och riglar glömt
Och skrynklig väktarinna, kloka Duegnan;
Och allt hvaråt sig harmar ädel själ,
Hvad dårlig kärlek trott med fängsel vinnas:
Allt med förflutna åldrens natt försvann.
Hvem fann sig nyss så fri som Spanska tärnan?
(Förr'n kriget uppstod i Vulcaniskt ras)
Hon, rik på flätor, hoppat i det gröna,
I glättig dans, vid sken af Cynthia, kärlek huld.

LXXXII.

O! Harold skolat älska mången gång —
Om icke drömt det — ty blott dröm är tjusning;
Men härdadt var hans bröst, ej rörligt mer.
Af Lethes ström han dock ej hade druckit.
Men nyss han af erfarenheten lärt:
Att kärleks bästa gåfva är hans vingar.
Hur skön, hur ung, hur mild än kärlek syns,
Från sjelfva källan af dess drömda vällust,
En bitterhet ett gift dess blomster öfverfar.

LXXXIII.

För skönhetsfulla former dock ej blind;
Blott som den vise rörs, af dem han rördes.
Ej att Philosophi på sådan hug,
Dess kyska, stränga blickar velat fästa.
Passionen rasar sig till ro, och flyr;
Och last, som gräft sin graf i höjd af njutning,
Hans hopp förqväft att aldrig lifvas mer.
Ack! nöjets vissna rof! med hat till lifvet,
Hemsk, öfver ögats bryn, var stämplad Cains dom!

LXXXIV.

Han blott beser, ej delar hopens lek:
Beser; dock ej med misantropens afsky.
Han önskat blanda sig i dans och sång;
Men hvem kan le, som under ödet sjunker?
Hans sinnesmörker ingen ting fördref.
En gång dock mot demonens makt han stridde,
Då han i skönhets löfsal tankfull satt,
Och utgöt der oföretänkta sången
Till fägring ljuf, som den mer sälla dagar tjust.

TILL INEZ.

1.

Le icke åt min mörka blick;
Ty värr! jag kan ej le igen,
Afvände himmelen från dig
Att gråta och förgäfves gråta!

2.

Och frågar du hvad hemligt qval
Förtär min ungdom och min fröjd?
Och vill du fåfängt leta ut
Ett styng som ens ej du kan lindra?

3.

Det är ej kärlek, är ej hat,
Ej svekna ärelystnans hopp
Som lär mig klaga på min del,
Och fly hvad förr jag mest har skattat.

4.

4.

Det en olycklig trötthet är,
Vid hvad jag möter, ser och hör.
Mig skönhet icke fägnar mer;
Och knappt ditt öga kan mig tjusa.

5.

Det är en oupphörlig natt
Som dicktad judisk pilgrim följt.
Han räds att bortom grafven se;
Och förr'n i den, ej hvila finner.

6.

Hvad flykting från sig sjelf kan fly?
Till zoner, fjerran mer och mer,
Mig följa hvart jag vandra må,
Vårt lifs fördärf, demonen tanken.

7.

Må andre synas känna fröjd
Och njuta hvad jag vägrar mig,
Af vällust tjusade i dröm;
Men ej som jag från drömmen vakna!

8.

I många luftstrek vandrar jag,
Af det förflutnás minnen qvald.
Och, är för mig den enda tröst,
Att hvad må ske, jag rönt det värrsta.

9.

Hvad är det värrsta? Fråga ej —
Af ömkan forska icke mer
Far fort att le; ej yppa sök
Hvad afgrund döljs i mannens hjerta.

3

LXXXV.

Farväl, skön Cadix! Ja, ett långt farväl!
Hvem glömma kan hur du din mur försvarat?
När allt omvexlade, blott du stod fast,
Först vorden fri, du sist blef underkufvad.
Om något i så häftig hvälfnings lopp,
Inom din rymd af inhemskt blod blef gjutet,
Det var en nidings 19). Han allena föll,
Allt utom Adeln, ädelt sig förhållit,
Och kedjan kystes blott af fallet Ridderskap.

LXXXVI.

Så Spaniens barn; så sällsam·deras lott.
Den, aldrig frihet ägt för frihet kämpar,
En kunglös folkmängd, för en kraftlös stat.
Vasaller kämpa, höfdingarne vika.
Det land är folket kärt som endast lif
Dem gaf; och trogne mot förrädarns trälar,
Dem högmod blodig väg till frihet lär,
De från förlorad strid till strider hasta,
Och strid är folkets rop, "ja äfven strid på knif." 20)

LXXXVII.

Hvem mer vill se, om Spanien och dess folk,
Han läse allt hvad grymt om fejder tecknats:
Hvad bitter hämd försökt mot utländsk här,
Och hvad, mot menskolif är gjordt och göres,
Från sabelns hugg, till dolkens dolda styng.
Hämd till sitt bruk har alla vapen danat.
Så frelse Spaniern maka, syster, barn!
Så för hans hand, förtryckarns blod må flöda,
Mot hvilken hvarje brott kan ångerfritt begås!

LXXXVIII.

Gjuts väl en enda tår vid härjarns död?
Se det förstörda fält som ännu röker;
Se händer, färgade i qvinnors blod;
Och lemna sorglöst, obegrafna kroppar,
Att blifva hundens eller gammens rof,
Fastän ovärdiga af deras käftar.
Låt blekta ben och blods ej blekta fläck,
Med fasa hemsk utmärka stridens bana,
Att våra barn må tro hvad våra ögon sett.

LXXXIX.

Ej än så grufligt verk fullbordadt är;
Från Pyreneen strömma bataljoner;
Allt mörknar än; knappt verket är begyndt,
Och slutet ej kan ses af dödligt öga.
De fallna folk på Spanien se. Om fri,
Hon mer befriar än Pizarro kufvat.
Hvad vedergällningslag! Columbia lugn,
Sig frodar efter Quitos söners ofärd;
Och moderlandet fylls af obehindradt mord.

XC.

Ej allt det blod, vid Talavera göts,
Ej alla undren af Barossas fältslag,
Ej Albuera, höljd af dödas mängd,
För Spanien obestridlig rätt befästat.
När skall Olivens qvist ej vissna bort?
När, Spanien andas efter blygd af mödor?
Hur mången oviss dag i natten sänks,
Förr'n Galliens röfvare sig vändt från rofvet,
Och frihets nya träd skall blifva hemfödt der?

3*

XCI.

Och du, min vän! — Hvad båtar väl det qval,
Från hjertat bryter,*sig med sången blandar? —
Om du bland tappra, fallit, svärdets rof,
För vänskaps högmod bordt all klagan tystna.
Men utan skörd af lagrar slockna bort,
Af alla glömd, blott ej af vännens hjerta,
Ej blödande bland ärans grafvar lagd,
Då lagren mindre ädla hjessor kröner!
Hur har väl du förtjent, så obemärkt att dö?

XCII.

Först af mig känd, bland alla vördad mest,
Kär för ett bröst, som intet kärt var lemnadt,
Fast från en hopplös vän för alltid ryckt,
Mig vägra ej att dig i drömmar finna.
Och morgonen skall väcka tyst en tår,
Medvetenhetens tår af saknans smärta;
Och bildningskraften sväfva kring din mull.
Då till sitt ursprung går mitt svaga väsen,
Må sörjande och sörjd, tillsammans finna ro!

XCIII.

Se här ett blad af Harolds Pilgrimsfärd.
För Er, som önsken mer om honom veta,
Må hända än en tidning följa skall;
Om han som rimat här, än mer må rima.
Är det ej nog? Nej granskare! ej så:
Haf tålamod, att höra hvad han skådat,
I länder dit han förts af ödets dom,
Och som förvara minnet från de tider,
Då än barbarisk hand ej Grekers konst förstört.

(37)

Noter till Första Sången.

1) St. 1. Den lilla Byn Castri står till en del på den grund, der Delphiska Templet stod. Något ofvanföre ses en håla af omätligt djup, som tros vara den Pythiska.

2) St. xv. *Galliens Locust här.* Locustæ äro Gräshoppor, som i de varma länderna, stundom komma i luften som skyar, slå ned på marken och förtära all gröda. *Öfvers. not.*

3) St. xvii. Desse tvänne verser äro ordagrannt öfversatte. Om de misshaga; om de innebära någon orättvisa; bör det tillskrifvas originalet. *Öfvers. not.*

4) St. xviii. Här åsyftas Miltons beskrifning öfver Paradiset. *Öfvers. not.*

5) St. xx. Rätta namnet är *Hus af klippan.* Men Förf., fastän upplyst derom, har bibehållit ordet *hus af plåga,* i anseende till den stränghet, der utöfvas.

6) St. xxi. Det är allmänt bekandt, att år 1809, mord voro vanliga på Lisabons gator och i dess nejd. Det träffade ej endast Portugisare; dagligen dödades Engelsmän; och om straff var ej fråga; tvärtom gafs Engelsmännen det råd att ej mellankomma, om någon af dem anfölls af dessa deras allierade. Likaså förhöll det sig i Sicilien och på Malta. Författaren blef en gång sjelf anfallen, men var beväpnad, och värjde sig.

7) St. xxiv. Conventionen tecknades i Marchese Marialvas palats.

Det hade varit önskeligt att Författaren i noten äfven upplyst det underliga och mörka i denna Stanz. *Öfvers. tillägg.*

8) St. xxix. Ett Lustslott af otrolig vidd. Utom Palatset, innefattar det ett kloster, och en ståtlig kyrka med sex praktfulla Orgverk. Mafra kallas Portugals Escurial.

9) St. xxxiii. Sådana hade Förf. funnit Portugisarne; men han erkänner att de sedan visat tapperhet.

10) St. xxxv. Cava, Grefve Julians dotter, blef en Helena för Spanien.

Pelagius försvarade sig i Asturiens fasta orter, och hans efterkommande slutade fejden med Grenadas eröfring.

, 11) St. xlviii. *Viva el Rey,* lefve Konungen.

12) Ibid. *Godoy* stod i Gardets led, då han förstblef sedd af Drottningen; upphöjdes sedan till Hertig af Alcudia, erhöll titeln af Fredsfurste och styrde en tid Spanien enväldigt.

13) St. l. Med Fernando vii, i midteln.

14) St. li. Sierra Morena var befästad i hvarje defilé.

15) St. lvi. Sådana voro den Saragossiska flickans bragder. Då Författaren var i Sevilla, såg han henne dagligen gå på *el Prado,* prydd med ordnar och medaljer, dem Juntan henne tilldömt.

16) St. lx. Desse Stanzer skrefvos i Castri (Delphos) vid foten af Parnassus, nu kallad Liacura.,

17) St. lxx. Detta skrefs i Thebe.

. 18) Ibid. Öfversättaren nödgas tillstå att betydelsen af detta horn är honom okänd. *Öfvers. not.*

19) St. lxxxv. Solano, Guvernör i Cadix.

20) St. lxxxvi. Så svarade Palafox en Fransk General, under Saragossas belägring.

II. SÅNGEN.

I.

Kom, blåögd himlamö! — Men aldrig du
Har värdigats en dödlig sång ingifva.
Här, vishetens Gudinna! var och är
Ditt tempel än, till trots mot svärd och lågor, 1)
Och åren, som din dyrkan plånat ut.
Men mer än stål och eld och tid, förfärlig
Är enväldsspiran i den råas hand,
Som aldrig känt den helga glöd, sig tänder
I mera hyfsadt bröst, vid tanken blott om dig.

II.

Athen! så hög från fordna dagar! — hvar,
Hvar äro dina män, de stora själar?
De lysa blott i dröm om tid som fanns!
På banan främst som går till ärans branter,
De segrat och försvunnit. — Är det allt?
En skolpilts läxa, blott en timmas undran!
Och krigarns vapen och Sophistens kolt
Ej finnas mer, och öfver torn, som multna,
Din storhets dunkla hamn bland årens dimmor far.

III.

Stig upp, du Österns son! och nalkas hit.
Kom — men ej stör en obeskyddad urna.
Se denna fläck, för hela folk, en graf,
Och Gudars hem, hvars offer mer ej brinna!
Ja; Gudar vikit; äfven folkens tro.
Zeus var, och Mah'met är, och andra läror
Med annan tid stå upp; tills menskan lär
Att fåfängt rökverk tänds och offer blöda.
Ack! tviflets, dödens barn, hvars hopp är bygdt på rör!

IV.

Vid jorden bunden, han åt himlen ser —
Ar det ej nog, olycklige! att veta
Att du är till? Är det så dyrbar skänk,
Att än en gång, du önskar dig att vara,
Och gå, du vet ej hvart, ej till hvad verld;
Blott ej på jorden mer, med skyar blandad?
Dock vill du drömma framtids fröjd och qval?
Se, afväg detta stoft förr'n det försvinner:
Dig säger urnan, mer, än hvarje andligt tal.

V.

Bryt ned försvunna hjeltens höga vård;
Han sofver fjerran på en strand så enslig 2).
Han föll, kring honom sörjde fallna folk,
Men inga tårar mer för honom gjutas.
Ej vakar stridsmäns häpna dyrkan, der
Halfgudar lyst, som häfderna förtälja.
Tag ut en hufvudskål ur benens hög.¹
Är den ett tempel, der en Gud kan dväljas?
Men äfven masken skyr så bräckt och murknadt tjäll.

VI.

Se på dess brutna hvalf, dess vägg förstörd,
Dess hemska kamrar och dess öde portar.
Ja; der var ärelystnans höga sal,
En döm för tanken, ett palats för själen.
Se genom ögonlösa, mörka hål,
För vishet och för qvickhet glada tillhåll,
Och för passioner, som ej gränsor tålt.
Kan hvad sophist och vis och helgon skrifvit,
Befolka detta torn, förnya byggnaden?

VII.

Athens mest vise son! du talte väl:
"Vi veta blott, att vi allsintet veta."
Hvarföre frukta hvad ej undflys kan?
Hvar har sitt styng, dervid den svage suckar,
I hjärnfödd dröm af ondt som sjelf han skapt.
Följ hvad dig slump och öde bäst förkunna;
Frid väntar oss på Acherontens strand:
Der ingen högtid mättad gäst betvingar,
Men Tystnad bädden lagt för alltid önsklig ro.

VIII.

Dock om — hvad helge män oss lärt — det fins
Ett land för själar bortom svarta stranden,
Till hån för Saduceens brist af tro,
Och för Sophisten, stolt af oviss kunskap;
Hur ljuf en samfälld dyrkan vore der,
Med dem som dödlighetens värf försötmat:
Att höra dem, du trott ej höra mer,
Se stora vålnader sig uppenbara,
Och Bactrisk, Samisk vis, och allt som sanning lärt.

IX.

Och du! hvars kärlek blott med lifvet flytt,
Mig lemnande förgäfves lif och kärlek —
Fäst vid mitt hjerta — kan jag tro dig död?
Då minnet verksamt flammar mot min hjerna?
Väl — Jag vill drömma att vi träffas än,
Och kräfva denna tröst för toma hjertat.
Om något fins af unga minnen qvar,
Må ödet om min framtid fritt befalla;
Det vore nog för mig att veta, du är säll.

X.

Här, låt mig sitta på en måssig sten,
För marmorpelarn, än ej skakad grundval.
Son af Saturn! Den thron, du föredrog,
Var här, i prakt och storhet, främst af alla 3).
Låt här, mig fatta templets dolda ståt;
Nej fåfängt: sjelfva bildningskraftens öga
Ej återställa kan hvad tid förstört.
Dock ses ej dessa pelare med köld.
Här Moslem sitter tyst; men Greken sjunger högt.

XI.

Hvem var af alla, den som plundrat mest 4),
Det tempel der sig Pallas gerna dröjde,
Ej glad att från dess sista lemning fly —
Hvem var väl han, den sista värrsta sköflarn?
Blygs Caledonia! denne var din son!
Jag gläds att England! du ej honom fostrat.
Friborne spara bordt hvad förr var fritt.
Dock brustna templens helgd de kunnat störa 5)
Och deras altar fört utöfver vredgadt haf! 6)

XII.

Värrst är den nya Pictens låga skryt,
Att allt hvad Göth och Turk och Tiden sparat,
Förstöra, 7) kall som klippan på hans kust.
Tomt är det sinnet, lika hårdt är hjertat,
Och hufvudet som tänkt, hand som beredt
Den arma lemning af Athen att flytta,
Hvars söner, utan makt till dess försvar,
Dock togo liflig del i modrens smärta
Och kände då som bäst, despotens kedjors tyngd.

XIII.

Hvad! skall af Brittisk tunga blifva sagdt,
Att Albion gladdes i Athenas tårar?
Fast i ditt namn, dess helgd af trälar bröts,
Dölj bragden, att Europen ej må rodna.
Ja, hafvets Drottning, fri Brittannia för
Det sista usla rof från land, som blöder.
Ja, hon, hvars ädla bistånd kärlek väckt,
Hon med Harpyers hand den lemning rifver,
Som ålderdomen spart, Tyranner låtit stå.

XIV.

Hvar fanns Egiden, Pallas! 7) som förskräckt
Vild Alarik, i loppet af sin härjning?
Hvar, Pelei son, som fåfängt fången hölls
Utaf Ereben? Samma dag af fasa,
I ljuset fram han bröt, i grufligt skick.
Hvad! kan ej Pluto än en gång umbära
Sköldkrossarn att från rofvet jaga bort
Ny röfvare? Han fåfäng går på Stygis stränder,
Ej värjande den mur, han älskat skydda förr.

XV.

Kall, sköna Grekland! är den, på dig ser,
Ej rörd som älskarn vid den skönas grafvård,
Stelt, ögat som ej skådar med en tår
Vanställda murar, helgedomar förda
Långt bort af Brittisk hand, som heldre bordt
Beskydda der hvad ej kan återställas.
Förbannad stunden, då de från sin ö
Rott att ännu ditt sköte genomborra,
Och dina Gudar fört till dem förhatlig nord!

(44)

XVI.

Men hvar är Harold? Bör jag glömma nu,
Att mörka vandrarn öfver böljan föra?
Hård var han för hvad menskor sakna mest;
Ej någon älskarinna låddes gråta,
Och ingen vän till afsked sträckte hand,
Då fremlingen for kall till andra luftstrek.
Hårdt är det bröst, som ej af fägring rörs;
Men Harold ej erfar hvad förr han kände;
Han lemnar utan suck ett land af krig och brott.

XVII.

Den, som har seglat på det mörkblå haf,
Har stundom sett, förmodligt, fagra syner,
När friska fläkten pustar gladt och skönt:
Hvitt segel fast, fregatten stolt och sirad,
Hög mast och ankaret till höger fäst;
Sedt öfver skeppets bog, det vida hafvet,
Konvoyen spridd likt svanor i sin flygt,
Den sämste seglarn förande sig tappert,
Och framför hvarje köl, af farten skummig våg.

XVIII.

Och inom skeppsbord, liten krigisk verld,
Gevär i rader, skydd för splint af nätet:
Och hest befäl, och dån af folkets lopp,
Då vid ett ord de höga toppar mannas:
Hör nu på Båtsmäns glada sjungna rop,
När genom deras händer tåget skrider;
Och gossen, Midshipman, som ställt sig när,
Med gälla pipan tyder väl och illa,
Och snälla pilten lyds, ty rätt han styra lärt.

XIX.

Hvitt är det glatta däcket, utan fläck,
Der på sin vakt, alfvarlig Löjtnant träder.
Se på den del som tom och helgad är -
Åt skeppets Chef; han framgår, majestätisk.
Tyst, fruktad, sällan sedd, han sällan talt
Med underhafvande, att ej försvaga
Krigslydnad sträng, som då den eftergifs.
Till seger icke för. Men Britten sällan
Afviker från en lag, fast hård, som ökar kraft.

XX.

Du vind som kölar skyndar, lifligt blås!
Tills Sol förstorad, sista strålen kastat.
Då måste vimpelförarn fälla ned
Sitt segel att invänta lata seglarn.
Ack ledsamt dröjsmål, obehaglig syn,
Att önsklig vind för tröga bål förslösas!
Hur mången mil förloras innan dag,
Så fåfängt dröjande, på villig bölja,.
Med stinna seglet fälldt att vänta slika vrak!

XXI.

Se månen höjts. Vid Gud, en herrlig syn!
På dans af vågor, ljusets strömmar flöda.
På strand må gossar sucka, flickor tro:
Så blir vårt öde, då vi hinna stranden.
En Arion här, med hård och skyndsam hand,
Af sjömän älskadt ljud från strängar kallar.
En krets omkring, med glädje står och hör,
Och vid en välkänd takt, behagligt svänger,
Liksom dem gafs på land en obegränsad rymd.

XXII.

Vid Calpes sund, se stranden hög och brant;
Europ och Afrens land hvarandra·skåda,
Här svartögd mö, der Mohr af Solen bränd;
Men skillnan häfd åf månens bleka strålar.
Hur ljuft hon kastar sken på Spaniens kust,
Upptäcker klippor, sluttning, bruna skogar,
Klart, fastän mattad i sitt sänkta lopp.
Men Maurens bergsrygg jätteskuggor kastar,
Från brutna skyars höjd på hafvets låga strand.

XXIII.

Men det är natt. I tanken minnet för,
Att förr vi älskat, fast vår kärlek flydde.
Och hjertat, saknande bedragna qval,
Fast vänlöst nu, i dröm en vän vill äga.
Hvem önskar sig af årens börda tryckt,
När ungdom öfverlefvat fröjd och kärlek?
Ack! När i dem ej själar blandas mer,
Ej döden lemnas mycket att förstöra!
Ack, sälla år! Hvem vill ej yngling åter bli?

XXIV.

Så, öfver skeppets sköljda sida böjd,
Att se på månens klot, i vågen spegladt,
Hans själ förgäter högmods mål och hopp,
Och medvetslöst far öfver år förflutna.
Ej något var så tomt, att icke der
Fanns föremål, som äger eller ägde
En tanke kär, och fordrar fram en tår,
Och ger ett styng, från hvilket qvalda hjertat
Befriadt ville bli; men ej befrias kan.

xxv.

På berg att grubbla öfver flod och hed;
Att sakta genomvandra skogars mörker,
Af menskan sällan eller ej beträdt,
Der intet hennes öfvervälde lyder;
Att klifva osedd på ej vägadt fjäll,
Bland vilda hjordar, som ej stängsel känna:
Att ensam luta öfver brant och fors,
Det är ej enslighet; det är att omgås
Med skön natur, och se dess rikt utbredda skatt.

xxvi.

Men, mellan menskohopens bråk och sus,
Att höra, se och känna och att äga
Och vandra, trött verldsborgare, allt fort:
Af ingen fägnad, ingen kunna fägna,
Och praktens slaf, från armods åsyn fly,
Och ingen med beslägtad känsla finna,
Som, vid vår afgång, skulle mindre le:
Så, allt som följt oss, sökt och bedt och smickrat —
Då är man ensam, ja; se det är enslighet.

xxvii.

Mer sällt är fromma Eremitens lif,
En sådan, som på enslig Athos dväljes,
Om qvällen vakar på gigantisk höjd,
Och ser ett haf så blått, så rena himlar
Att den, som vandrat dit i sådan stund,
Vill på den helga fläcken tankfull dröja;
Se'n långsamt sliter sig från tjusad syn,
Med suckar önskar än att der få andas
Och vänder om, med hat till verld så när förglömd.

XXVIII.

Men fylla vi ett långt enformigt lopp,
På ofta trampad stig, der spår ej lemnas,
Igenom lugn och blåst och vindens kast,
I hvarje välkänd nyck af luft och vågor;
Då prüfve vi en sjömans fröjd och qval,
'I hafomgjordad vingad fästning slutne,
I klart och mulet, vinden med och mot,
I storm och lugn, och svall af höga böljor —
En vacker morgonstund — se land! — och allt är väl

XXIX.

Far ej Calypsos öar tyst förbi a),
Två systrar, herrskande på största djupet,
Der dock en hamn för trötta seglarn ler,
Fast skön Gudinna upphört der att gråta,
Och öfver klippor hålla fåfäng vakt,
Om den, som föredrog en dödlig maka.
Här, sonen pröfvade förfärligt språng,
Af Mentor stött från klippans höjd i böljan,
Och Nymfers Drottning då, blef tärd af dubbel sorg.

XXX.

Förbi är hennes makt och herrlighet.
Men yngling! lita ej derpå; dig akta.
Här dödlig herrskarinna rest sin thron;
Och ny Calypso du med fara finner.
Skön Florentina! kunde någon mer
Mitt vissna hjerta röra, dig det skänktes.
Men frånstött alla band, ej vågar jag
Ovärdigt offer på ditt altar bära,
Och be så älskvärdt bröst att känna qval för mig.
XXXI.

XXXI.

Så Harold, när han klara ögat sett
Och mött dess strålars glans, med ingen tanke,
Om ej beundrans, känd, men utan qval:
Och kärlek höll sig undan, fast ej fjerran;
Ty han sin offrare ostadig känt,
Och räddes att hans dyrkan var försvunnen.
Men aldrig pilten mer hans hjerta sökt.
Se'n denna gång han det ej kunde tända,
Fann lilla Guden der, sin hela makt förbi.

XXXII.

Skön Florentina visst förundrad fann
En, som var trodd för hvem han såg, att sucka,
Orörlig motstå hennes ögons glans,
Som andre helsat eller låddes helsa
Sitt hopp, sin dom, sitt straff, sin enda lag,
Och allt hvad skönhet af tillbedjarn kräfver.
Ja, högt hon undrade att Sven, så rå
Ej kände eller låddes känna lågor,
Som, fast så synas kan, ej väcka qvinnors harm.

XXXIII.

Ej kände hon ett synbart marmor-bröst,
I tystnad stängdt, af högmod återhållet,
Ej oförfaret i förförarns konst,
Och kunnigt, vidt och bredt att snaror sträcka;
Ej afvändt förr ifrån så nedrig jagt,
Än intet syntes mera, värdt att söka.
Ej Harold litar mer på sådan konst.
Om ock för dessa ögon blå, han brunnit,
Bland ödmjuk älskarhop, han aldrig qvida hörts.

4

(50)

XXXIV.

Den litet vet, jag tror, om qvinnans bröst,
Som vinna vill, med suck, så flyktigt väsen.
Hvad bryr hon sig om vunna hjertan mer?
Tillbörlig dyrkan gif din skönas ögon;
Men ej för ödmjukt; hon föraktar då
Dig och din kärlek, fast med ömhet yppad.
Ja, äfven ömhet dölj, om du är klok
Djerft sjelfförtroende bäst qvinnan vinner.
Än reta, blidka än; och så passionen tänds.

XXXV.

Bestyrkt af tiden denna lärdom är,
Och de som veta't bäst, det mest beklaga.
När allt är vunnet som är kärleks mål;
Så ringa pris knappt anses mödan löna.
Ungt lif förstördt, sänkt själ och hedern kränkt,
Passion! är ofta följden af din framgång.
Om tidigt hopp af lycklig hårdhet bräcks,
Det som en sjukdom genom lifvet följer,
Och botas icke mer, fast kärlekstjusning flyr.

XXXVI.

Men nog; jag bör ej dröja i min sång;
Vi hafva mången bergstig att beträda,
Och mången olik strand att segla om,
Af dikten ej, men sorglig tanke ledde —
Klimater, skönare, än dödlig hug
I trånga kretsen tänkt af sin inbillning,
Och nånsin än i ny Utopia fanns —
Och lära menskan hvad hon borde vara,
Af så förderfvadt ting, om sådant läras kan.

XXXVII.

Natur! du ömast ibland mödrar är,
Fast alltid skiftande, dock ljuf till åsyn.
Låt mig få mättas vid ditt blotta bröst,
Som barn, ej afvändt, fastän icke gynnadt.
Ack! hon är fagrast i sitt vilda skick,
När ingen hyfsning vågat henne störa.
För mig, hon dag och natt, beständigt log,
Fast förr än någon ann jag henne följde,
Och sökt allt mer och mer, och älskat mest som vred.'

XXXVIII.

Land af Albanien! 9) der Iskander steg,
Den unges thema, och den vises fyrbåk,
Och den af samma namn, som ofta slog
Sin fiende förskräckt för Riddarbragden:
Albaniens land! låt ögat fästa sig
På dig, du vilda mäns ej blida amma.
Se, korset faller, minaret står upp,
Och bleka halfmån' lyser mellan lunder
Af hög och mörk cypress, i kretsen af hvar stad.

XXXIX.

Childe Harold for förbi den nakna strand.
Der sorgsen Penelop såg öfver väfven, 10)
Och framåt till det berg, ej än förglömdt,
För älskarn tillflykt, och Lesbinnans grafvård.
Mörk Sapho! kunde ej odödlig sång
Ett bröst af himmelsk låga tändt bevara,
Ej lefva den, som gaf odödligt lif,
Om nånsin evigt lif af lyran skänktes —
Den himmel, jordens son! ditt högmod hoppas må?

4*

XL.

Det var en afton, skön, af Grekisk höst,
Då Harold fjerran såg Leucadias udde,
En strand, han längtat se, och lemnar trögt.
Hans öga ofta fästs på striders rymder,
Lepanto, Actium, sorgligt Trafalgar, 11)
Men utan rörelse; ty han ej gladdes,
(Visst under mörk och fjerran stjerna född)
I syn af blodig fejd och tappra strider,
Ej vän af bravos värf, han log åt krigarskryt.

XLI.

Men, då han under aftonstjernan såg
Leucadias 14) framåt sträckta sorgens klippa;
Och helsat osäll kärleks sista strand,
Han tyckte sig af ovan glöd uppeldad,
Och medan stolta skeppet sakta flöt
I skuggan af det ålderstegna berget,
Hans öga följde vågens sorgsna lopp;
Han sänkte sig i tankar djupt som vanligt,
Hans blick var mera mild, hans panna mera klar.

XLII.

Det dagas; hemsk Albanias höjder ses,
Mörk Sulis klippor; inåt landet, Pindus
Med molnklädd spets, af snökaskader stänkt,
Af mången mörk och purpurstrimma randad.
Allt steg och när omkring, sig molnet bröt;
Upptäcktes dessa hårda bergsbors hemvist,
Och ulfvar spridda, örn som hvässar näbb,
Och fåglar, djur och menskor mera vilda;
Der stormar samlas kring, att skaka årets slut.

(53)

XLIII.

Allena, Harold här sig ändtlig fann,
Och bjöd ett långt farväl åt kristna tungor.
Nu, han sig vågade på okänd strand,
Som alla prisa, få den våga nalkas.
Med bröst mot ödet väpnadt, få behof,
Han sökte faran ej; men den ej flydde.
Vild skådeplatsen var; men också ny;
Och det förljufvade hans vandrings mödor;
Det motstod vinterns blåst och sommarhettans qvalm.

XLIV.

Det röda kors — ty kors fins äfven här,
Fast med förakt af musulmannen gäckadt —
Sin höghet glömt, för gödda munkar kär;
Ty prest och dyrkare här likt föraktas.
Vidskepelse, i hvad för drägt förklädd,
Som afgud, helgon, mö, profet och måne,
I hvad symbol, dig dårskap prisa må,
För prester endast vinst, förlust för folken!
Hvem skillja kan ditt slagg från sanna dyrkans guld?

XLV.

Se der Ambracias fjord, der förr en verld
Förlorats för en qvinna, skön och harmlös.
I denna stilla vik, mång Asiens kung 13)
Och Romersk höfding förde sina härskepp
Till oviss strid; men slaktning mera viss.
Se, hvar den andre 14) Cæsar rest troféer!
De multnat nu likt handen som dem rest.
Af laglöst envåld, slägtets plågor dubblas!
Gud! har du jorden skapt, för sådana till spel?

(54)

XLVI.

Från mörka gränsen af så ojemn trakt,
Och fram till midten af Illyrias dalar,
Childe Harold öfverfor mångt herrligt berg,
I vidd af länder, knappt i häfden kända.
I prisad Attica, dock sällan fanns
Så sköna dalar: Tempe ej kan skryta
Af större prakt; Parnassus har ej sjelf,
Fast klassisk jord och mest af ålder helgad,
Hvad ställen öfvergår af denna mörka strand.

XLVII.

Den bleka Pindus, Acherusias sjö
Och landets hufvudstad förbi han vandrar.
Och söker, framåt vidare sin väg,
Albaniens Drott att helsa, 15) hvilkens välde
Är laglös lag, i det med blodig hand,
Han styr ett folk, oroligt, vildt och tappert.
Dock, här och der', af bergsbor dristigt band
Hans makt, föraktar och från sina branter,
Sig sprider vidt med trots, och viker blott för guld. 16)

XLVIII.

Du klosterkrönta Zitza, 17) från din höjd,
Din fläck af helig jord, ej stor, men gynnad,
Hvarthän vi se, omkring och upp och ned,
Hvad regnbågs färgor, hvad förtrollning yppas!
Ström, klippa, skogar, berg, allt slösats här;
Och allt i harmoni, mot högblå himlar;
Nedåt, en fjerran fors med fallets dån,
Tillkännager hvar vattnets massa kastas
Emellan klippors brått, förfärande, men skönt.

XLIX.

Midt i den skog, som kröner lummig höjd
Som — vore ej så många höjder nära,
Med lyftad spets mot molnen, högre än —
Bland berg väl hade kunnat märkligt synas,
De hvita klostermurar glimma högt.
Calojern 18) vistas der, ej rå i seder,
Ej sparsam på sin kost. Hvem går förbi,
Välkommen bjuds.. Ej glömsk han stället lemnar,
Om i naturens prakt han nöje finna kan.

L.

Må han, i värrsta årstid hvila här.
Frisk, under dessa gamla träd, är grönskan,
Här med behaglig vinge, fläcktar vind,
Emot hans bröst, som etherns pustar andas.
Långt ned syns fältet. — Må han njuta här
Rent nöje, då han kan. Här glödgad stråle
Ej tränger fram, bemängd med sjukdoms frö.
Må Pilgrim här sin längd på gräset sträcka,
Och hvarje dagens stund förutan ledsnad se.

LI.

Här stor och dyster, vidgad för vår syn,
Naturens höjda skådeplats, volcanisk
Chimæras rand af fjäll, från höger sträcks:
Och, under den, en dal, som synes lefva.
Hjord, trän och ström, allt rörs; och bergets fur
Från höjden nickar. Acheron den svarte,
Der flyter, förr åt döden helgad flod.
Men Pluto! äro dessa dödens länder;
Tillslut din Elysé; jag denna föredrar.

LII.

Så ljuflig syn ej bryts af städers torn.
Janina synes ej, fast icke fjerran,
En skärm af berg den döljer. Menskor få,
Eländig by och tunnsådd koja röjas.
Men mätande hvart brådjup, betar get,
Och, tankfull följande den spridda hjorden,
Den unge herden i sin hvita kolt
Mot klippans brant, än späda skepnan stöder,
Än, i sin grotta skjuld, afbidar flygtig storm.

LIII.

O! hvar, Dodona! fins din gamla lund,
Din spådoms källa, himmelska oraklet?
Hvad dal, o Zevs! ljöd af ditt Gudasvar?
Hvad spår än finnas här af dundrarns altar?
Allt, allt är glömdt — bör menskan klaga då,
Af hennes svaga lif, att banden slitas?
Nej, dåre! Gudars lott må du fördra.
Och vill du öfverlefva ek och marmor,
När folkslag, språk och verld för tidens våld förgås?

LIV.

Här vek Epirens gräns och bergens trakt;
Och ögat, trött att upp åt höjden vändas,
Med glädje hvilar på så jemnad dal,
Som nånsin klädts i vårens friska grönska,
Ej ringa skönhet finnes i ett fält,
Af någon dristig flod när vidden delas,
Och på dess stränder gunga höga trän,
Hvars skuggor än på blanka vattnen dansa,
Än synas sofva lugnt vid månens midnatts sken.

LV.

Re'n Solen sänkt sig bakom Tom'rits berg, 19)
Och Laos 20) brusade förbi så vidsträckt;
Än mörkrets djup ej hunnit samla sig,
Då varligt stigande på branta stranden,
Childe Harold såg likt luftsken emot skyn,
Af Tepalén, sig bönetornen höja,
En stad hvars murar strömmen öfverse.
Af krigsfolk, mera när, han sorlet hörde,
Med vindars suck bemängdt, der skogar lemna rymd.

LVI.

Han nalkas helig Harems tysta torn
Och under höghvälfd port sin kosa sträcker;
Han nu, den stolta herrskarns bostad ser,
Der allt omkring, hans höga stånd förkunnar.
I mer än vanlig prakt, despoten satt;
Men verksam anstalt hela hofvet skakar,
Eunuker, slafvar, gäster, stridens män;
Det inre är palats, det yttre fästning,
Och folk från hvarje land, man ser församlas här.

LVII.

Med rik mondering, syns en färdig rad
Af rytteri, och mången krigisk anstalt,
På nedre gårdens vidtutsträckta rymd;
Men bister hop i slottets öfre gångar.
Och ofta spränger genom ljudfull port,
Tartar högmössad ut och hästen sporrar.
Och Turk och Grek, Albanier, solbränd Mohr
Här blandas i mångfärgad rörlig skara,
Då krigisk trummas dån förkunnar dagens slut.

LVIII.

Albaniern, vild, med rock som skyler knät,
Med shawlturban, geväret präktigt siradt,
Och guldbroderad prydnad skön att se,
Och macedoniens man i högröd klädnad,
Och Delhi med. förfärlig mössa prydd,
Och krokig glaf; och Greken. glad och böjlig,
Och Nubiens stympade och svarta son,
Och skäggig Turk, som sällan värdes tala;
Hans åsyn kufvar allt, för stark att vara mild —

LIX.

Allt blandas, dels, och hvilar dels i grupp,
Betraktande hvad brokigt kring dem hvimlar;
Alfvarlig Moslem der i andakt står;
En pipan röker, andre tankfullt spela;
Albaniern trampar marken, hög och stolt,
Och Greken pratar fort med halfljudd stämma.
Men från Moske'n, högtidligt, nattligt ljud,
Och Muetzins rop hörs bönetornet skaka:
Allena Gud är Gud — till bönen — Gud är stor.

LX.

Vid denna årstid, fastan Ramazan
I dagens längd utöfvat plågsamt välde.
Men sedan skymningstimman var förbi,
Begynte åter glädjen festlig råda.
Nu, allt var rörligt; inom hvarje hus,
Betjening borden täckt med ömnig måltid.
Det toma galleri syns fåfängt byggdt;
Men blandadt dån från inre rummen skallar,
Då slafvars pagers mängd sig skyndar in och ut.

LXI.

Här, qvinnans röst är aldrig hörd. Hon stängd,
Och unnad knappt att, skjuld och aktad, utgå,
Sig sjelf, sitt hjerta ägnar blott åt en,
Tamd i sin bur, ej önskar från den vandra,
Och i sin herres kärlek ser sig säll,
Helst då som mor, hon känner moders omsorg,
Som himmelskt ljuf, all omsorg öfvergår.
Det barn hon burit, sjelf så huldt hon fostrar,
Jemt fästadt vid ett bröst, som lägre drift ej känt.

LXII.

Ur flygelns marmorgolf, en källas språng
Af friska vattnet högt i midteln spritter,
Hvars bubbling ljuflig kyla sprider kring,
Der vällustfulla bäddar hvilan bjuda.
Der Ali satt, en man af fejd och qval;
Dock i hans öppna blick förgäfves söktes —
Då mildt behag så ljust man stråla såg
Kring detta gamla vördnadsvärda anlet —
De grymma minnens spår som sväfva kring hans lif.

LXIII.

Sannt är, att ej det hvita långa skägg
Förening skyr med ungdomens passioner.
På åldren segrar kärlek. Hafitz sagt,
Och Tejern 21) sjungit det, och sjungit sanning.
Men brott som trotsa ömkans ljufva röst,
Som hvarje man förnedra, mest den gamle,
Utmärkte Ali med en tigers tand.
Blod följer blod. Och lifvets korta bana
I blod för dessa sluts, som den med blod begynnt.

LXIV.

Bland nya ting för hörsel och för syn
Här hvilade vår Pilgrim trötta foten;
Och såg omkring på Moslems öfverflöd,
Men snart blef ledsen vid så vidsträckt säte -
För rikedom och flärd, en tillflygt, vald
För mättad storhet, skild från stadens buller.
I sanning; mindre stolt, det vore ljuft;
Men sinnesfriden flyr från prakt, så konstlad,
Och nöje följdt af stått, hvarandras lust förta.

LXV.

Vild är Albaniens son; men saknar dock
Ej dygder, blott de större mognad vunnit.
Hvad fiende såg nånsin deras rygg?
Hvem kan så väl uthärda krigets mödor?
Naturens fästen stå ej mera fast
Än de, i oviss strid och upprors faror.
Om dödligt deras hat, är vänskap varm.
När tacksamhet och äran lär dem blöda,
Ohejdadt rusa de, hvart höfdingen dem för.

LXVI.

Childe Harold såg dem, i sin höfdings torn,
Gladt skyndande till strid, af framgång stolte.
Han åter såg dem, när i deras makt
Han föll, som hjelplöst offer utaf nöden —
Af nöd, då elak man förtrycker mer —
Men under sina tak de honom skylde,
Då mången mindre vild ej handlat så,
Måhända egna landsmän 22) stått overksamt.
Då hjertat sätts på prof, hur mången sviker ej?

LXVII.

Det hände, att hans båt af vidrig vind
Drefs upp på Sulis buskbeväxta stränder,
Då rundt omkring, allt ödsligt var och mörkt,
Och farligt sågs, på land att länge dröja;
Dock för en stund hans sjöfolk gaf sig ro.
Ej säkre, hvar försåt sig kunde dölja,
De sist, ej utan fruktan, gingo fram,
Att folk, som Turk och Kristen lika hata,
Måhända blodig lek än torde ställa an.

LXVIII.

Falsk fruktan! Suliern sträckte vänlig hand,
Dem kring ett farligt kärr på klippor förde,
Mer from än hyfsad slaf, fast ej så hål,
Han ugnen eldar, deras kläder torkar,
Och glada lampan tänder, fyller bål'n
Och bjuder tarflig spis, så god han äger.
Der, menskokärleks rätta stämpel fins.
Att ge den trötte hvila, sorgen trösta,
För sälla, lärdom är, och för de hårda, blygd.

LXIX.

Det hände sig, att då han var beredd,
Från detta bergens land att ändtlig vandra,
Var vägen stängd af samladt röfvarband,
Som när och fjerran for med eld och lågor.
Han derför tog till värn en trogen tropp —
I vapen öfvad, van vid krigets mödor, —
Att Acarnaniens skogar genomgå,
Till dess Achelou's hvita bölja helsas,
Och från dess andra strand, Ætoliens vida slätt.

LXX.

Der lönlig Utralk bildar rundad fjord,
Och trötta vågen lugn och skyddad blänker,
Tätt mörknadt löf på gröna kullars lund,
I midnatt nickar öfver somnad bölja,
Då hviskande från vester, sakta fläckt
Ej krusar, men blott kysser djupets yta!
Här mottogs Harold, som välkommen gäst,
Och njöt ej brörd så behaglig åsyn;
Ty mången fröjd han fann i nattens ljufva lugn.

LXXI.

Natteldar lysa klart på slättad strand;
Och fest är anställd, röda vinet kringgår 23).
Och den, som oförväntadt detta såg
I djup förundran säkert skulle falla.
Knappt stilla midnattstimman flutit fram,
Då truppens hemseds lekar gladt begyntes.
Hvar Palikar 24) sin sabel från sig lagt,
Och hoppar, man vid man och hand i handen.
Så dansar långklädd hop och tjuter sång så hemsk.

LXXII.

På litet afstånd, stod Childe Harold der,
Och icke missnöjd såg den glada leken.
Han hatar ej oskyldig fröjd, fast rå,
Och detta var ej vanlig syn, att skåda
Barbarisk men ej oanständig fröjd.
Der, medan eldsken deras anlet lyste,
Vid hastig fart och svarta ögons blixt,
Och vilda lockar, som till gördeln föllo,
Han hörde samfälld sång, som mera skreks än sjöngs.

I. 24)

Tambourgi! Tambourgi! 25) från fjerran ditt larm
Ger hopp åt den tappre och löfte om strid;
Alla söner af bergen, stå upp vid ditt ljud:
Chimariot, Illyriern och svart Suliot.

2.

O! hvem är mer modig än svart Suliot,
I sin snöhvita skjorta och schaggiga kolt?
Åt ulfven och gammen han lemnar sin hjord
Och nedgår på fältet, som ström ifrån berg.

3.

Skall son af Chimari, som aldrig förlät
Ett fel af en vän, unna fienden lif?
Skall gevär som ej felar, försumma slik hämd?
Hvad skönare mål än en fiendes bröst?

4.

Obesegrade, folk Macedonia sändt;
För en tid de förglömma sin grotta sin jagt;
Men de fläckar af blod blifva rödare förr;
Än sabeln de insatt och striden är slut.

5.

Pirater från Parga, som dväljas på våg,
Lära Franken så blek hvad det är, vara slaf.
De lemna på strand, lång galeja och år,
Och föra sin fånge till skjulet på land.

6.

Jag söker ej fröjd som af rikedom skänks.
Hvad svagheten köper, min sabel mig ger;

Den vinner ung brud med långt hängande hår,
Och möarna rycker från mödrarnas famn.

7.

Jag älskar skönt anlet af mö i sin vår.
Till sömn hon mig smeke och blidke med sång.
Mångtonade lyran i hand, från sitt rum
Hon komme och qväde, hur föll hennes far.

8.

Förglöm ej den stunden, då Previsa föll, 26)
De besegrades skrän och de segrandes rop:
De tak som vi tände, det rof som blef delt,
De rika vi mördat, de sköna vi spart.

9

Jag nämner ej ömkan, jag nämner ej skräck;
Dem ingen må röna, som tjenar Visirn.
Se'n Mahomets dagar, ej halfmånen såg
Så ärofull höfding som Ali Pasha.

10.

Brun Muchtar, hans son är till Donau sänd;
Låt gulhårig Giaur 27) se hans hästsvans med skräck. 28)
När hans Delhy 29) sig störta i blodet på strand,
Hur få skola frelsas af Ryssarnas led?

11.

Selichtar! 30) ur skidan drag höfdingens glaf;
Tambourgi! Ditt larm ger oss hoppet om strid.
J berg, som beskåden till stranden vår fart,
Oss segrande sen eller sen oss ej mer.

LXXIII.

LXXIII.

Af åldradt värde, sorglig återstod,
Fast dödt, odödligt, stort ehuru fallet,
Hvem, Grekland! leder dina spridda barn,
Till strid, att länge stadgad träldom bryta?
Ej så de söner, fordna tiden såg,
Som villigt offer af beslut förtvifladt,
Till graf förvandla Termopyläs pass.
O! Hvem så ädelt sinne återlifvar?
Hvem från Eurotas strand ur grafsömn väcker dig?

LXXIV.

O, frihets ande! när på Phyles 31) höjd,
Du satt med Thrasybulus och hans följe,
Du denna hemska tid ej föresåg,
Som gröna slätten af Athen förmörkar.
Ej trettio tyranner fäst dess ok;
Men hvarje oblyg Turk det kan beherrska.
Dess son sig reser blott i fåfängt skämt,
Men darrar vid en skymt af Turkisk gissel.
Till graf från vagga träl, i tal och handling låg.

LXXV.

Allt utom form förbytts. Och hvem som ser
Den eld som gnistrar än i hvarje öga,
Lätt skulle tro att åter hos dem brann
Förlorad frihets aldrig släckta låga;
Och mången drömmer att en stund är när,
Som deras fäders arf dem återskänker.
Men efter utländsk hjelp de sucka blott,
Och ensamt våga ej förtryckarn möta,
Att plåna söladt namn ur träldoms mörka häfd.

5

LXXVI.

Du ärftlige lifegne! vet du ej,
Att hvem vill lefva fri, sjelf oket bryter?
Att egen väpnad arm det bryter blott?
Vill Fransman eller Moscowit dig frelsa?
Nej. Din tyrann dè torde störta ned,
Ej på ditt altar frihetslågan tända.
Nej Hellas skuggor! segrande med dem,
J skolen herrar byta, ej ert läge.
Er äras dag är flydd, ej dagen af er blygd.

LXXVII.

Den stad, för Allah vunnits ifrån Giàur,
Kan Giaur från Othmans våld allena rycka.
Och så, Seraljs ogenomträngda port
För fordna tappra gäster åter öppnas. 32)
Må Wahabs 33) resta hop, som röfva tordts
Ifrån Profetens graf dess helga minnen,
Sin blodväg sträcka fram till vestlig strand;
Dock skall ej frihet gro på dömda Hellas,
Nej; slaf skall följa slaf i år af ändlöst qval.

LXXVIII.

Se dock hvad fröjd — förr'n fastans tid begynnt
Det lidande som helgadt bruk beredde,
Att rena menskosjäl från dödlig synd,
Med dags försakelse och bön i natten,
Och förr'n i säck påklädes ångrens drägt,
Åt nöjet några dàr af lägen skänkas,
Och af förlustelsen far hvar sin del,
I brokig drägt på maskerader dansar,
Och följer mimisk hop, i lustig Carnaval.

LXXIX.

Och hvilken Grek syns fröjdad mer än din,
Stambull, förr deras rikes herrskarinna?
Fast af turbaner fylls Sophias hvalf,
Och Greklands fordna altar fåfängt sökas.
(Ack! Hellas qval än ljuda i min vers!)
Dess sångare var glad, och fri dess folkmängd
Ock sann var allmän glädje, nu förställd.
Nu sällan njuts den syn och hörs den sången
Som ögat gladde förr, och kring Bosphoren ljöd.

LXXX.

Högt var på stranden, glädjefullt tumult.
Musiken, ofta vexlad, aldrig upphörd;
Och årors jemna takt med återskall,
Och vattnens sqvalp, ljufsorgligt sammanstämde.
Dit nattens drottning från etherisk thron,
Med bifall blickade, och öfver vågen,
Då flygtig il dess yta öfverfor,
Dess bild en vidgad glans omkring sig strödde,
Och böljan, gnistrande, sågs tända afsköljd strand.

LXXXI.

I skummet glänser mången lätt kaïk,
Och landets döttrar dansa der på stranden;
Och man och mö ej tänka på sitt hem,
När mången trånfull blick som ljufligt vexlas,
Och hand som trycks och tryckning återger,
Strö vällust som få hjertan kunna motstå.
Ack! ungdoms kärlek, fäst med rosenband!
Vis och Cynik må prata hvad dem lyster,
Blott dina stunders fröjd motväger är af qval.

5 *

LXXXII.

Men midt i hvimlet af slik maskerad,
Mångt hjerta klappa tör af hemlig plåga,
Röjd äfven under tätt tillsluten larf.
För sådana är sorl af milda vågor
Ett genljud blott af qvalet som dem tär.
För dem, bland lekfull hop och skrål af glädje,
Blott qvalets minne väcks och mörkt förakt.
Hur svårt är löjets ljud för den,som lider,
Och önskar festlig skrud, mot svepning byta bort.

LXXXIII.

Så måste känna Greklands sanna son;
Om Grekland än af värdig son kan skryta,
Ej slik, som pratar krig, och söker fred,
Men träldoms fred, tyst sörjer hvad han mistat,
Med ödmjuk blick kan le mot sin tyrann,
Och slafvens skördarjern, ej svärdet föra.
Dig Grekland! älskar minst den allt du gaf,
Sin födsel och sitt blod och höga minnen.
Af hjeltefäder — blygd för ny vanslägtad hop. 34)

LXXXIV.

När Spartas hårda sed är åter väckt,
När Theb's Epaminondas åter uppstår,
När hjertan slå i Atheniensers bröst,
När män af Greklands mödrar åter födas,
Då kan du se dig återställd; ej förr.
Knappt räcka tusen år, en makt att stadga;
En tima kan den störta i sitt grus.
Hvem kan väl då dess fordna glans förnya,
Dess dygder gifva lif, trots tid och ödets lag?

LXXXV.

Hur skönt likväl, i qvalets tid, o land
Af gudalika män och fallna Gudar!
Dal evigt grön och höjd af snö betäckt,
Förkunna dig än af naturen gynnad.
Mot marken böjda, dina tempelhvalf
Sig mer och mer med hjeltejorden blanda,
Det fallna krossadt af hvar landlig plog.
Så faller monument, af menskor upprest
Och så skall allt förgås; ej välantecknad bragd.

LXXXVI.

Än någon enslig pelare kan ses,
Som sörjer bröders fall vid djupa hålan: 35) *
Tritonias höga tempel pryder än
Colonnas brant, och öfver vågen blänker:
Och några stridsmäns halft förgätna graf,
Bland stenar grå och ej förstörda gräset,
Än trotsar tiden svagt; men glömskan ej;
Slikt endast fremlingar uppmärksamt åse,
Och dröja liksom jag, och sucka sorgligt "ack!"

LXXXVII.

Din sky är lika blå, din klippa vild,
Och ljuf din skog och dina slätter gröna.
Oliven trifs, som när Minerva log,
Hymettus lika skatt af honung skänker,
Der biet surrar fritt i bergets luft,
Och under vällukt konstig fästning bygger.
Apollo! af din Sol än allt förgylls;
Mendelis marmor än af skenet blänker.
Konst, ära, frihet flytt. Natur är lika skön.

LXXXVIII.

Hvar vi beträda denna helga jord —
Och ingen del med vanlig mull förblandas —
En enda verld af under sprids omkring,
Och synes allt hvad Sångmön sagt, besanna,
Tills sinnet tröttnar att uppmärksamt se
De första målen för vår ungdoms drömmar.
Hvar dal, hvar klippa, skogars öppning, fält,
Allt trotsar tidens hand, som templen skakat
Och dina torn, Athen, men ej grå Marathon.

LXXXIX.

Här Sol och jord, ej slaf stå lika än;
Och allt det samma, utom fremlingsväldet,
Behåller samma gränsor, ändlöst namn,
Och stridens fält der Persiens offerhärar
Först föllo under Hellas skarpa svärd,
Den morgonen, så kär för åldrig ära,
Då Marathon ss) blef ett förtrolladt ord,
Som utsagdt, målade så klart för tanken,
Fält, läger, härar, strid och segrarns anfallslopp,

XC.

Och Meders flyckt med pillös båge bräckt,
Stolt Grek förföljande med blodigt handspjut.
Berg ofvan; nedom, jordens, hafvets fält,
I fronten död, i ryggens viss förstöring,
Så taflan syntes då. Hvad är nu qvar?
Hvad hög trofé utmärker grund så helig,
Och frihets fröjd och slagna Persers tår?
Bortröfvad urna, sänkt och plundrad jordhög,
Och dam, som fremlings häst vidt kastar med sin hof.

XCI.

Likväl, kring lemning af din fordna glans,
Sig pilgrim tankfull, men otröttad skockar.
Och länge vandrarn med Joniens vind,
Skall helsa frejdadt land för sång och vapen;
Ja, länge häfd och oförgänglig röst,
På mången strand med ryktet ungdom tjusa,
Den gamles högmod, lärdom för en ung!
Af vise vördad och af skalder dyrkad,
Blir Pallas', Sångmöns röst med helig fruktan hörd.

XCII.

Till hemmet drages hvarje frånskildt bröst,
Om något kärt, välkommen eldstad bjuder;
Den, ensam är, låt honom vandra hit,
Och ögat fästa på en jord beslägtad.
Ej Hellas är ett land för sällskapsro.
Men den som trycks af sorgen, der må stadna;
Och knappt han sakna skall sin födslobygd,
Om han på Delphis nejder långsamt vandrar,
Och rörd på fälten ser, der Greker, Perser dödt.

XCIII.

Låt sådan komma till så helgad jord,
Och genomgå i fred dess tjusta rymder,
Dess minnen wördande. Må verksam hand
Ej stympa lemningar — ack hur förstörda!
Ej dertill dessa Tempel restes här:
Spar minnen, som af vilda folken spårats:
Och fläcka icke mer vårt hemlands namn.
Så, må du trifvas, hvar din ungdom fostrats,
Af hvarje loflig fröjd, och lif och kärlek prydd.

XCIV.

Men du, som här i länge fortsatt sång,
Fördrifvit ledsnan med ej höga qväden,
Snart skall din röst förloras bland den mängd,
Som högre stämt sin ton för yngre tider.
De, om förgänglig lager täfla må;
Men sådan strid för den ej skulle höfvas,
Som hatar granskning hvass, och skänkt beröm.
Se'n kallt är hvarje bröst han sökt behaga,
Hvad bifall fägna kan den, ingen älskar mer.

XCV.

Du ock är gången, älskad, älskansvärd,
Som ungdom och dess kärlek vid mig fästat,
Som gjorde huld för mig hvad ingen gjort
Och ryste ej för den, dig var ovärdig.
Hvad är min varelse? Du är ej mer!
Ej qvar, att be din vandrare välkommen,
Som sörjer evigt flydda timmar än.
Ack — om ej njutna, eller än att vänta! —
Hvarför kom han igen till nya skäl att fly!

XCVI.

O, alltid älskad, älskande och skön!
Hur girigt sorgen ser på det förflutna,
Och njuter tanke, bättre aldrig tänkt!
Din skugga sist af allt skall från mig ryckas.
Du har, o död! hvad från mig röfvas kan:
En far, en vän — och henne, mer än älskad!
För ingen mer så fort din lia slog,
Och sorg som följt på sorg i gruflig vexling
Tog bort den ringa fröjd, än fanns för lifvet qvar.

XCVII.

Bör jag i hopen kasta mig igen?
Och söka hvad med lugn ej kan förenas,
Der festlig fröjd och löje, fåfängt högt
Och falskt för hjertat, urgröppd kind förvrider,
Och lemnar mattadt sinne dubbelt matt?
Men öfver anlet, som med våld skall klarna,
Och härma glädjen och fördölja styng,
Syns genom tvungna löjet, tårars bana,
Och sjunkna läppen höjs till illa härmad smil.

XCVIII.

Hvad är väl värrst af ålderdomens qval?
Hvad plöjer tidens fåror djupt i pannan?
Allt hvad man älskat, se i grafven sänkt,
Och sig på jorden ensam. Så mitt öde!
Låt mig för straffarns gissel buga djupt,
Bland hop af hjertan skiljda, hopp förstörda.
Flyt fåfängt och bekymmerslöst, min dag,
Se'n Tiden röfvat allt hvad hjertat njutit,
Och våren af mitt lif med åldrens börda tryckt!

SLUT PÅ II SÅNGEN.

Noter till Andra Sången.

1) St. 1. En del af Acropolis förstördes vid explosionen af ett krutmagasin, under -den Venetianska belägringen. Tvänne målare täfla om rättigheten att plundra Minervas Tempel (Parthenon) som ömsom beviljas dem genom en firman från Constantinopel.

2) St. v. Grekerne brände ej alltid sina lik. Den större Ajax; (son af Telamon) begrafdes hel. Ovidius låter honom förvandlas i en Hyacint.

Öfvers. tillägg.

3) St. x. Ett Tempel helgadt åt Jupiter Olympius. Deraf finnas nu blott 16 kolonner hela af marmor. De voro från början 150. Månge tro dem hafva tillhört Pantheon.

4) St. xi. Lord Elgin, genom sitt ombud, en Italiensk målare, Herr Lusieri.

Då flere skeppslaster af de dyrbaraste fornlemningar, på detta sätt borttagits; då konstalster, som utgjort Seklers beundran, bland annat, en lång sträcka af basreliefs förstörts under fåfänga bemödanden att nedtaga dem; har den yttersta skamlöshet ej kunnat gå längre, än att på murarna af Acropolis, inrista plundrarens namn.

5) Ibid. Det nämda skeppet har förgåtts i Archipelagen.

6) St. xii. Ännu ett Hydriotiskt skepp väntar nu (d. 3 Januarii 1809) i den Pireiska hamnen att lastas med öfverblefna flyttbara fornlemningar. Grekerne känna djupt hårdheten af denna behandling.

7) St. xiv. Zozimus berättar att Minerva och Achilles skrämde bort Alarik från Acropolis. Andre påstå att den Göthiske Konungen förhöll sig nästan lika så illa som den Scottske Lorden. Se Chandler.

8) St. xxix. Goza säges hafva varit Calypsos Ö.

9) St. xxxviii. Albanien innefattar Macedonien, Illyrien, Chaonia och Epirus. Iskander på Turkiska

betyder Alexander; och Skanderbeg åsyftas i de tre
följande verserna. (Beg betyder hög herre.)

10) St. xxxix. Ithaca.

11) St. xl. Actium och Trafalgar behöfva ej mer
än nämnas. Sjöslaget vid Lepanto, ej mindre stort
och blodigt, är mindre kändt. Det hölls i Patrasvi-
ken. Don Quixotes författare förlorade der sin ven-
stra hand.

Don Juan af Österrike segrade der på Turkiska
flottan, år 1572. Staden Lepanto belägrades år 1475
af Turkarna, som efter fyra månader, måste upphäf-
va belägringen med otrolig förlust (det säges 30,000
man). Staden togs sedan af Bajazet och återtogs af Ve-
netianarne, som år 1699 öfverlemnade den åt Turkar-
na, i kraft af freden i Carlovitz. *Öfvers. tillägg.*

12) St. xli. Det tros Sapho hafva kastat sig i
hafvet. Det kallas nu Santa Maura.

13) St. xlv. Det är sagdt att Antonii levée, da-
gen före slaget vid Actium, bevistades af tretton ko-
nungar.

14) Ibid. Nicopolis, hvars ruiner äro ganska vid-
sträckta, är ej långt från Actium. Några få lemnin-
gar finnas der af Hippodromen.

15) St. xlvii. Den namnkunnige Ali Pascha.

16) Ibid. Femtusen Sulioter, bland Sulis klippor
och i dess fästning, motstodo i aderton år, 70000 Al-
baneser. Under denna strid, föreföllo bragder, vär-
diga Greklands bättre dagar. Fästningen togs sedan
genom mutor.

17) St. xlviii. Byn och klostret Zitza äro fyra ti-
mars väg från Janina. Floden Kalamos, fordom Ache-
ron flyter i dälden, och gör, ej långt från Zitza, ett
vackert fall. Belägenheten är måhända den vackraste
i hela Grekland.

18) St. xlix. *Caloyer,* så kallas Grekiska munkar.

19) St. lv. Fordom Tomarus.

20) Ibid. *Laos* säkert den vackraste flod i Levanten. Vid högt vatten, syntes den Författaren lika bred som Themsen vid Westminster.

21) St. LXIII. Anakreon.

22) St. LXVI. Detta åsyftar händelsen med de skeppsbrutne vid Cornvall.

23) St. LXXI. De Albaniske Musulmännen (och i sanning, mängden bland de öfrige) afhålla sig ej från vin.

24) St. 1 af Palikar-Sången. Desse Stanzer äro till en del tagna från åtskilliga Albinesiska Sånger, uttydde så godt det kunnat ske, för författaren, af Albineser, på Romaiska och Italienska språken.

25) Ibid. Trumslagare.

26) St. 8 Ibid. Previsa, midt emot Actium eller Nicopolis, byggdes af Augustus. Ruinerna deraf kallas Prevesa vechia. År 1798 stridde der 400 Fransmän, med otrolig tapperhet, mot 11,000 Turkar, som naturligtvis öfvermannade dem, och begingo derefter oerhörda grymheter. Detta åsyftas förmodligen här. *Öfvers. not.*

27) St. 10 Ibid. Giaur betyder otrogen eller kristen.

28) Ibid. Ett tecken som utmärker Paschar.

29) Ibid. Turkisk Rytteri.

30) St. 11 Ibid. Selichtar betyder vapendragare.

31) St. LXXIV. Derifrån ses en vacker utsigt af Athen. Der finnas ännu ansenliga fornlemningar. Phyle intogs af Thrasybulus, före de 30 Tyrannernes fördrifvande.

32) St. LXXVII. Latinerne intogo Byzants och behöllo det i flere år — Se Gibbon. *Ur förf. not.*

Balduinus, Grefve af Flandern, intog det år 1204. Fransmännen behöllo det till 1259, då Michael Paleologus återtog det. Mahomet den andre vann det med storm, den 29 Maj 1453; och allt sedan har det varit Turkiets hufvudstad. *Öfvers. tillägg.*

(77)

33) Ibid. Wahabeernes uppror i nyare tider, är allmänt bekant. De intogo Mecca och Medina.

34) St. LXXXIII. I senare tider, starkt vederlagd förebråelse.   *Öfvers. not.*

35) St. LXXXVI. I berget Penthelicus, hvarifrån marmorn togs till de allmänna byggnaderna i Athen. Det kallas nu Mendeli. En ofantlig håla, uppkommen genom marmorns hämtning, finnes der ännu och skall alltid finnas.

36) St. LXXXIX. Der syns en hög, de 200 Grekers graf, hvilke stupade i den ryktbara striden.

III. SÅNGEN.

I.

Ada! Är du din moder lik? mitt barn,
- Och enda dotter af mitt hus, mitt hjerta!
När sist jag såg dig, skönt blå ögat log,
Och så vi skiljdes, — ej som nu vi skiljas.
Då, än med hopp. — Ur sömnen spritter jag;
Omkring mig vattnen häfvas; och i höjden
Starkt ljuder vindens stämma; bort jag far,
Jag vet ej hvart; men stunden är försvunnen,
Då Albions strand som flyr, gaf fägnad eller qval.

II.

På vattnen än en gång! ja åter der!
Och vågor dansa under mig, likt hästen,
Som känner väl sin man, välkommet brus!
Ehvart det bär, må de mig skyndsamt föra,
Om masten spänd ock darrar som ett rör,
Och högt den slitna dukens trasor flaxa;
Blott framåt; ty jag är liksom ett gräs
Från klippan ryckt på hafvets skum att segla,
Ehvart än vågens fart af stormens ande styrs.

III.

Jag, i min ungdoms sommar, 1) sjöng om En,
Som från sin egen mörka själ, var biltog.
Jag sången återtar, då, blott begynd;
Och för den med mig, liksom höga vinden
För molnet framåt. I den sagan ses
Lång tankas fåror och, af tår förtorkad,
Ett efterlemnadt mörkt och ödsligt spår,
Hvaröfver årens tunga vandring sträckes
Till lifvets sista sand, der ingen blomma gror.

IV.

Från unga dagars känsla, nöje, qval,
Mitt bröst, min harpa mist en sträng måhända,
Och stämma ej. Måhända fåfängt jag
Försöka vill, att sjunga som jag sjungit.
Men är ock sången torr, jag fästs dervid,
Att den må vänja bort de grymma drömmar,
Om glädje och om qval. Må den blott strö
Omkring mig glömskan! Den skall synas
Åtminstone för mig en ej otacksam säng.

V.

Den, åldrad är i denna verld af qval,
Och lifvet mätt med handling mer än årtal,
Allt sedt, ej undrar mer; och fåfängt än,
Kan kärlek, sorg och ärelystnans täflan
Väg till hans hjerta bana för den dolk,
Som sårar tyst dess djup. Han bäst kan säga
Hur tanken älskar enslig grottas skygd;
Fastän med bilder fylld, som alltid klara,
Till trots af tidens längd, än vistas i hans själ.

VI.

Det är att skapa och mer verksamt lif
Derunder nå, då vi med bild bekläda
Vår fantasi; och vinna då vi ge,
Det lif vi diktat. Så jag mig befinner.
Hvad är jag? Ingenting. Så är ej du,
Min tankes lif, med den, jag far kring jorden,
Osynlig seende; i det jag tänds,
Född då du föds, och blandad med din ande,
Och kännande med dig, i bräckta känslors nöd.

VII.

Jag mindre vildt bör tänka. Jag har tänkt
För långt och mörkt, hvaraf till slut min hjerna
Blef, i sin egen svallnings öfverdrift,
En hvirflad göl af fantasi och låga.
Och, att mitt hjerta tämja aldrig lärd,
Jag sjelf mitt lif förgiftat. Sent förändrad!
Likväl förändrad, jag densamma är
I kraft att utstå allt hvad ej kan mildras,
Förutan klagan närd af lifvets bittra frukt:

VIII.

Härom förmycket re'n. Men det är allt;
Och tystnadens insegel ordet stänger.
Childe Harold, länge saknad, träder fram,
Han, hvilkens hjerta mer ej känna ville,
Qvald af ej dödligt, men obotligt sår.
Dock tid, som allt förvandlar, honom ändrat,
I hug och blick som år; ty åldern stjäl
Från sinnet eld, liksom från lemmar styrkan.
Och lifvets tjusta kalk ej gnistrar mer, då tömd.

IX.

Hans, alltför snart var tömd; och han blott fann
I bottnen malört; han den åter fyllde,
Från källa mera ren på helig grund,
Och trodde den beständig; men förgäfves.
Kring honom, fjättrande, men icke sedd,
En kedja allt förbittrade för alltid.
Den tung men utan klang, med plåga bars,
Och pinande så tyst, allt mer förvärrad
Försvårade hvart steg, förmörkade hvar syn.

X.

X.

I köld förskansad, åter han sig mängt,
Med sjelftrodd säkerhet ibland sitt slägte,
Och ansåg nu sitt sinnes lugn så fast,
Sin själ mot alla lidelser så härdad,
Som doldes sorg och glädje ej bakom:
Och kunde han allena stå bland hopen,
Helt obemärkt betraktande hvad mål,
Der fanns för tanken. Så i fjerran länder,
Af Gud och af Natur, han undren förr besåg.

XI.

Men hvem kan se fullblommad ros, och ej
Den plocka? Hvem nyfiken blott beskådar
Den lena färg och glans af skönhets kind,
Och ej erfar, att hjertat ej kan åldras?
Hvem ser hur rycktet genom skingradt moln
Afhöljer stjernans glans, och ej vill stiga?
Och Harold än en gång i hvirfveln förd,
For fram med fåfäng hop, att tid fördrifva;
Dock syftande mer högt, än i hans lefnads vår.

XII.

Men snart sig sjelf han fann af alla minst,
Skapt att bland menskor vistas; ej gemensamt
Han ägde alls med dem; och han ej lärt,
För andras tankar vika fast hans egen
Hans ungdom qvalt. I själen fri,
Hos dem han aldrig ville välde hylla,
Mot hvilkas mening hans i uppror var.
Stolt i bedröfvelsen, han kunde finna
Förutan menskoslägt, inom sig sjelf ett lif.

6

XIII.

Hvar berg sig höja, der han vänner fann,
Der oceanen svallar, var hans hembygd.
Der skyn är högblå, glödgad luftens rymd,
Han hade lust och äfven kraft att vandra;
Och öcknar, skogar, hålor, brännings skum
För honom älskadt sällskap, kunde tala
Det språk som han förstod mer än en bok
På hemlands tungmål, den han gerna bytte
Emot naturens blad; af sol på insjöns glas.

XIV.

Liksom Calde'n han såg på nattens bloss,
Tills han befolkat dem med väsen, ljusa
Som deras eget sken. Allt jordiskt kif
Och mensklig svaghet då, han helt förglömde.
Om dröja han förmått på denna höjd,
Han varit säll; men stoftets son vill sänka
Odödlig gnista, sig missunnar sjelf
Ett uppnådt ljus, som bryta kan, den länken,
Oss ifrån himlen skilt, som vinkar oss till sig.

XV.

I menskors boning, Harold blef ett ting,
Förnött och rolöst vildsinnt och besvärligt,
Och likt en vildfödd falk med vingen klippt,
Från luftens rymd, hans hem, till jorden fallen,
Hans sjukdom återkom. Att undgå den,
Som instängd fågel sig mot fängslet stöter,
Och fåfängt hackar ståltrån af sin bur,
Till dess hans fjädrar blodas; så förtviflad,
Hans själ ur kroppens band sig ville äta ut.

XVI.

Sjelfbilttog, Harold vandrar fort igen,
Med mindre qvar af hopp; dock mindre mörker.
Den kunskap att hans lif förgäfves var,
Att allt var slut på denna sidan grafven,
Gaf hans förtviflan ytan utaf smil,
Fastän så vild — som på förstörda vraket
När sjöman dårligt möta vill sin dom,
Med starka dryckers rus, på däck som sjunker —
Den ett slags glädje bjöd, som han ej qväfva näns.

XVII.

Stå! — på ett kejsardömes stoft du trädt;
Och rofvet af ett jordskalf göms derunder.
Är stället icke märkt med stodkoloss?
Ej med kolonntrofé, till segrens hugkomst?
Nej. Men mer enkel sannings lärdom tyds.
Låt marken sådan som den är, förblifva; —
Hvad? Frodas grödan af det röda regn!
Är detta allt hvad jorden af dig vunnit,
Du kungaskapande, du första, sista strid?

XVIII.

Och Harold står på hufvudskålars grund,
Dödhelgadt Waterloo, och graf för Gallien!
Den makt som gaf så i en blink förstör
Sin gåfva, flyttar äran som den skänkte.
Här örnen flög sin sista höga flygt,
Se'n ref med blodig klo, förskräckta fältet,
Och af förbundna folkspjut stungen föll.
Så ärelystnans lif och mödor spilldes;
Och verlden länkarne af bräckta kedjor bär.

6*

XIX.

Rätt vedergällning! Gallien! drycken svälj;
I träldom fragga. Är vår jord befriad?
Och stridde folken blott att kufva ett,
Att rätta enväldsmakten kungar lära?
Hvad? Skall upplifvad träldom åter ses,
En hopsatt afgud för så ljusa tider?
Och skall, då Lejonet vi slagit ned,
Skall ulfven af oss hyllas? slafviskt knä,
För envåld böjas? Tänk, förr'n du din dyrkan ger.

XX.

Att en despot är fallen, mer ej skryt!
Förgäfves sköna kinder tårar fårat,
För blomman af Europas ungdoms fall,
I vingårdstramparns tjenst; förgäfves framgått
År af folködning, träldom, skräck och död,
Uthärdadt fåfängt! Allt, millioners resning
Förenad, störtat. Hvad gör äran skön
Om ej, då myrtens krans kring svärdet lindas,
Svärd som Harmodius drog emot Athens tyrann.

XXI.

Det var ett sorl af nattlig glädjefest,
Då Belgiens stolta hufvudstad församlat
Sitt Ridderskap, sitt vackra kön; och klart
Af lampor lystes tapperhet och skönhet;
Re'n klappa tusen hjertan. Hastigt hörs
Behagligt svall af sammanstämda toner.
Åt kärleks ljufva blick, ger kärlek svar;
Och allt är muntert som en bröllops ringning; 2)
Tyst! — hör! — ett ljud så djupt som fjerran åskasdån!

XXII.

Har du ej hört det? — Nej; blott vindens sorl,
Mån rullning af en vagn, på stenlagd gata?
Med dansen fort; ej glädjen brytas bör.
Ej höfves sömn, när ungdom nöjet möter,
Att skynda nattens tid med fötters flygt.
Hör! — åter bryter in det djupa dånet,
Liksom från molnen, genljud återgifs,
Mer när än förr, mer klart och mer förfärligt.
I vapen fort — det är en börjad kanonad.

XXIII.

I fönsterhvalf af denna höga sal
Satt Brunsvigs dömde Drott; och först han hörde
I glada festens sorl, det hemska ljud,
Och fattade dess ton med Siarns öra.
Då andre logo att han fann det när;
Hans hjerta säkert nog det dånet kände
Som förr hans fader sträckt på blodig bår.
Nu, förd af hämd, som endast blod kan mätta,
Till fältet rusar han, och strider främst, och dör.

XXIV.

Ack! här allt hvimlar, skyndar hit och dit
Och tårar gjutas och af ängslan bäfvas,
Och kinder blekna, som en stund förut,
Vid fägringens beröm, så blygsamt rodnat.
Mångt afsked sågs och liksom lifvets fläckt
Ur unga hjertan ryckt: djup suck besvarad,
Måske ej mer — och hvem kan se förut,
Om nånsin mer de ömma blickar mötas,
Se'n på så ljuflig natt, så ryslig morgon följt.

XXV.

Och fort till häst! till häst. Med ifverns fart,
Der vagnar rulla utåt skilda vägar
Och mönstrade sqvadroner skynda fram,
Att sitt bestämda rum i linien fylla.
Och fjerran djupa dundret, dån på dån,
Och nära trummans ljud som larm förkunnar,
Soldaten väckt förr'n morgonstjernan syns.
Bland stadens folk sig stumma fasan sprider;
Der hviskar bleknad läpp: se fienden är här.

XXVI.

Och vildt och högt, steg Cam'rons fylket fram
Vid Lochiels krigsljud, hördt på Albyns höjder,
Och fordom hördt af saxisk fiendhär.
Hur vildt och gällt i midnattstystnad skräller
Stridshornets ljud. Den andedrägt som fyllt
Dess toma rymd, hvar bergbos hjerta fyller
Med djerfhet medfödd som af minnet närs,
Af tusenårig bragds och äras minne;
Nu skallar hvarje hug af Évans, Donalds 3) namn.

XXVII.

Ardennes 4) gungar öfver dem sitt löf,
Stänkt af naturens tårar; då de tåga;
Och sörjer, om hvad dödt är, sörja kan,
Den tappre, som skall aldrig återfinnas;
Ack, innan qvällen trampad liksom gräs,
Som under honom nu, skall växa öfver,
I nästa grönskan. Denna stora mängd
Som andas mod, och glad till striden rusar,
Nu brinnande af hopp, skall multna kall och låg.

XXVIII.

Förfluten dag dem såg i lifvets kraft,
Och qväll'n i skönhetskretsen, stolte, glade;
Dem midnatts timan gaf signal till strid,
Och morgonen dem ordnade på fältet;
Dag gaf dem öppnadt fältslag, praktfull syn,
Och rökens dundermoln, som då de skingras,
Upptäcka jord betäckt med annan mull,
Den hennes egen mull skall hoptals hölja,
Fransk, Britt och Tysk, och häst och man i blodröd graf.

XXIX.

De prisas af en högre sång än min.
Dock af så ryktbar hop, jag en vill välja,
Dels derför att min ätt med hans bemängs,
Dels att hans Far af mig var förolämpad,
Dels att berömligt namn ger sången helgd.
Och hans, för högsta tapperhet var äradt.
När vingad död förtunnade hvart led,
Och krigets åska tätast jorden plöjde,
Ung Howard! den ej slog mer ädelt bröst än ditt.

XXX.

För dig ha tårar gjutits, hjertan bräckts;
Hvad vore mina, om jag ägde tårar?
Men, då jag stod invid det friska träd,
Hvars grönska lefver der du slöt att lefva;
Och såg omkring mig skönt upplifvadt fält,
Med frukt och frukters löften, och då våren
Göt ut sitt skatt af rikedom och fröjd,
Bland sorglös fogelskara väckt ur dvalan,
Jag geck från hvad hon gaf, till hvad hon ej kan ge.

XXXI.

Till dig, till tusen, utaf dem, en hvar
Och en som alla, sorglig tomhet lemnat
Hos slägt och anförvandter; och för dem,
Välgerning vore glömskan af sin smärta.
Ärchengelns domsbasun, ej ärans röst
Skall väcka dem som dessa bittert sakna.
Och rycktets dån kan mildra, släcka ej
En fåfäng längtans febertörst; och namnet,
Ju.mer det hedradt nämns, ju mer af saknad följs.

XXXII.

De sörja, le till slut; men sorgligt le.
Ett träd har länge vissnat förr'n det störtas;
Och skeppet flyter, mast- och segellöst;
En bjelke nedböjs, men ej bruten multnar,
Af kärnans fasthet stark; en åldrad mur,
Ej ramlar, fast dess stöd af tiden häfdes;
Af gallret stängda fången öfverlefs;
Och dag går fram, fast stormmoln, solen skymma;
Så hjertat bräcks af qval; men bräckt kan lefva än.

XXXIII.

Liksom en spegel bräckt, mångfaldig görs;
Hvart stycke, serskild spegel, föreställer
I mängd de samma bilder som den bar,
Och bilders antal ökts, ju mer den bräcktes;
Så sorgsna hjertat, som i härjadt lif,
Och blodlöst, men af köld och tystnad omhvärfdt,
Ej vill försaka grymt och rolöst qval,
Mångfaldigar i minnet sina plågor
Och vissnar obemärkt; ty sådant qval ej röjs.

XXXIV.

I vår förtviflan fips ett verkligt lif,
Förgiftets lifskraft, — liksom friska roten
Än föder quistar döende. Hvad är
För oss att dö? Nej, lifvet vill sig fästa
Vid sorgernas mest afskyvärda frukt,
Lik äpplen på det döda hafvets stränder,
Till smaken aska blott. 5) Om lifvets längd
Du täljer blott med njutning, och hvar timma
För år beräkna vill, mån du till sexti går?

XXXV.

Psalmsångarn utsatt mannens lefnads längd;
Tillräcklig är den. Men är sann din saga,
Mer än tillräcklig, dödföljd Waterloo!
Du, som en tid så kort ej honom unnat.
. Millioner tungor skola nämna dig,
Och barnens gifva genljud, och så säga:
"Här, af förbundna folkslag svärdet drogs,
"Och våra landsmän togo del i striden."
Allt nog; ej fordras mer att minnet ej förgås.

XXXVI.

Här föll den störste, ej den värrste man,
Hvars sinne var af stridigt ämne blandadt,
En stund vid stora ting, en annan stund
Vid ringa fästad, lika obeveklig
Och ytterlig i allt. Om mindre stor,
Du thronen aldrig eller alltid ägde.
Dig djerfhet lyft och fällt; och äfven nu,
Du sökte Kejsarns höghet återtaga,
Och verlden skaka än, sjelf verldens DunderGud.

XXXVII.

Besegrare och fånge af en verld,
Som än för dig och vilda namnet darrar,
Du aldrig menskors håg mer ämne gaf,
Än nu, då du är intet, Ryktets lekboll,
Som förr dig dyrkat, och, som din vasall,
Din stolthet smickrat, tills du blef förvandlad
Till Gud i egen tanke: äfven Gud
För riken, fallne i overksam häpnad;
Som trodde dig en tid allt hvad du ville tros.

XXXVIII.

Mer eller mindre, än af menskors ätt,
Du stundom slog nationer, stundom flydde.
Monarkers halsar nu din fotapall;
Nu sjelf mer vek än ringaste soldaten:
Du kunde krossa, återställa makt,
Befalla — hos dig sjelf passion ej styra;
Du kände menniskor men ej dig sjelf;
Ej kunde hejda krigets lust, ej lära,
Att lyckan frestad, flyr från sjelfva stjernans höjd.

XXXIX.

Dock lyckans vändning väl din själ fördrog,
Med icke lärd men medfödd inre styrka,
Som, vare vishet, högmod, eller köld,
Är bittert för en fiende som segrat,
När hatets här beväpnad stod att se
Och smäda dig i fallet feg, du smålog;
Med stilla, hög och allt fördragsam blick.
Då älskad, bortskämd son besveks af lyckan,
Du föll, men icke böjd af olycksmåttets tyngd.

XL.

Mer vis än i din framgång, ty i den,
Dig ärelystnan dref för vidt, att röja
För menskan och dess tankar, djupt förakt.
Klokt var att känna det inom dig hemligt;
Ej så att yppa uti tal och blick
Hvad frånsköt alla verktyg dig behöfdes,
Och ändtlig dem beväpnat till ditt fall.
Hvad usel verld att ägas och förloras!
Så rönte du, och hvem som valde samma lott.

XLI.

Om, lik ett torn på tvärbrant klippa ställdt,
Du varit skapd, att ensam stå och falla,
Med slikt förakt, du trotsat ödets hot.
Dig menskotanken väg till thronen banat;
För dig, beundran bästa vapnet var.
Din väg var Philips sons; och då ej borde,
(Ifall du purpurn ej åsido lagt)
Lik vild Diogenes, du menskor gäckat.
Till skjul för krönt Cynik, 6) för stor är jordens rymd.

XLII.

Men lugn är marter för ett verksamt bröst,
Och der var ditt förderf. Der fins en låga,
En själens rörelse, som skyr allt lugn
Inom dess egen trånga krets. Den sträfvar
Framom den gräns, förnuft för åtrån satt,
Och en gång tänd, ej lätt att återsläcka,
Blott söker äfventyr, och endast kan
Af hvilan tröttas, feberbrand för hjertat,
Olycklig för hvem känt och nånsin känner den.

XLIII.

Den gjort de dårar, andra dårar gjort
Med smittsam dunst; eröfrare och kungar,
Och Sekters och Systemers upphofsmän,
Sophister, Skalder, Statsmän, aldrig lugna,
Som öfverspänna själens dolda kraft,
Och, löjets föremål för dem de gäcka,
Afundad hop, men icke afundsvärd,
Af deras bröst ohöljda, skulle läras;
Hur lust att lysa högt och styra vådlig är.

XLIV.

De andas oro blott; och deras lif
Är ridning uppå storm, att slutligt sjunka.
Dock fostrade och fästade vid strid,
Om efter upphörd fara, deras dagar
I lugnet skulle flyta utan glans;
De snart förgingos utaf sorg och ledsnad
Som lågan utan näring, fladdrar bort;
Och som ett stridvandt svärd, då lagdt åsido,
Sig äter sjelft och tärs, ofrejdadt, utaf rost.

XLV.

Den, som på bergens höjder går, skall se
Af moln och snö, de högsta spetsar täckta.
Den, slägtet kufvar eller öfvergår,
Skall se hur hatets mist från dalen stiger;
Fast ofvan herrlig blänker ärans sol,
Och under, jord och ocean sig breda;
Bland isbelagda klippor sjelf ett mål
För stormars strid omkring hans nakna hjessa,
Så ser han mödan lönt, som ledt till denna höjd.

(93)

XLVI.

Bort sådant. Verklig vishet har sin verld,
Af egen skapning, eller i naturens,
Den moderliga. Hvem har alstrat så,
Som du, natur! på stolta Rhenens stränder?
Der Harold tjust beser gudomligt verk,
All skönhets blandning, strömmar, djupa dalar,
Frukt, löf, skog, klippor, kornfält, vinland, berg,
Och herrlöst slott som bistert afsked andas,
Från grå, men löfrik mur, i grönskande ruin.

XLVII.

Och der de stå, liksom en upphöjd själ,
Står trött, men lyftad öfver lägre hopen —
De blott bebos af vind i remnor trängd,
I mörkt omgänge blott med sänkta skyar.
En dag de stodo i sin ungdoms kraft,
Baner på höjden, vapenbrak vid foten.
De stridande i blodig svepning höljts,
Till stoft förmultnat svajande baneren;
Och svaga värnets mur ej motstår anfall mer.

XLVIII.

I dessa fästen, inom murars krets
Af makt passioner stöddes; stolt och praktfullt,
Hvar Röfvarhöfding upphöll väpnadt hof.
Han gjorde viljan lydd, med lika högmod
Som någon hjeltedrott af annan tid.
Hvad feltes dessa, som eröfrarn ägde? 7)
Blott större verkningsfält, och ståtlig graf
Och häfdens köpta blad, att store kallas.
De hyste lika hopp och mod ej mindre stort.

XLIX.

Och i baronlig fejd, i enskild strid,
Hvad mandomsprof ej tecknade, försvunnit!
Och kärlek! som gaf sköldar sinnebild
Väl vald att hjertats eld och högmod skildra,
Till bröst af jern du genom pantsar trängt;
Men stolt och grym, var kärlek, och beslägtad
Med fejder och förstörelse. Mångt torn,
Som för behagligt brott måske blef vunnet,
Såg Rhenen flyta fram affärgad, vid dess fall.

L.

Men du! gladt sorlande och rika flod,
Hvars vågor i sin framfart froda stränder,
Som skulle stå i evigt lika prakt,
Om menskan dem ostörda ville lemna,
Och ej din ytas löften skörda bort
Med krigets skarpa lia — då att skåda
Din friska vattens dal, det vore se
En jord som himlen skön. För mig, att vara
En himmel, endast nu dig fattas Lethes våg.

LI.

Väl tusen fältslag hållits på din strand,
Men halfva deras rykte är försvunnet.
Och slagtning, hopande förstörda led,
Blott lemnat deras grafvar, mer ej sedda.
Din våg har blodets fläckar tvättat bort,
Nu allt är rent, och på din klara yta
Ses rörligt sken af milda strålars dans.
Men öfver svarta minnets hemska drömmar
Din våg, som sköljer allt, förgäfves gjutas må.

LII.

Så Harold inom sig; men han for fram,
På denna strand, ej kall för allt som väckte
De glada fåglars hop till tidig sång,
I dalar der en biltog vore lycklig.
Fast på hans panna synas mörka drag
Af stilla vildhet, som intagit platsen
Af känsla skarp, men mindre alfvarsam,
Ej glädjen alltid saknas i hans blickar,
Den tänds af sådan syn, men smyger blott och flyr.

LIII.

Ej var för kärlek dödt hans bröst, fastän
Passionerne sig sjelfva tärt till aska.
Förgäfves vilja vi den se med köld,
Som mildt emot oss ler; och hjertat vänligt
Besvarar vänlighet, ehuru vandt
Vid afsmak för allt verldsligt. Så han kände,
Och älskadt minne hyste af ett bröst,
Ett troget bröst som ljuf förtröstan väckte,
Mot det, i lugnad stund, han önskat hvila få.

LIV.

Han lärt att älska — jag ej vet hvarför
Ty det hos sådant väsen ej kan väntas —
Af barndom i sin blomma, hjelplös blick,
Ja, äfven i dess vagga. Hvad bevekte
Till slik förändring den, som med förakt
Såg menskoslägtet, båtar ej att veta.
Men så det var; och fast i enslighet,
Förtryckta känslor sakna kraft att växa,
Dock glödde denna än, då annat allt var släckt.

LV.

Så säges: att det gafs ett bröst, så huldt,
Som af ett band mer starkt, vid hans var fästadt,
Än sjelfva kyrkans; utan sådan helgd,
Var denna kärlek ren, och ej fördoldes.
Af dödlig fiendskap, den motstod prof,
Lugn, ofördelad och än mer befästad
Af farans hot, den qvinnan fruktar mest.
Så fast var denna; och från fjerran stränder,
Till älskadt hjerta, hans en sådan helsning sändt.

1.

"Med fäste krönta klippan Drachenfels s)
Ser ned med hot, på vida krökta Rhenen,
Hvars bröst är svälldt af rik och mäktig våg,
Som mellan stränder far, der drufvan växer.
Och kullarna med trän i snöhvit blom,
Och fält som lofva ömnigt korn och vinskörd,
Och spridda städer höjda här och der,
Med hvita murar, glindrande mot solen:
All sådan herrlighet jag skulle se,
Med dubbel fröjd, om du stod vid min sida.

2.

"Och byggdens döttrar der med ögon blå,
Och trinda händerna, som blomster bjuda,
Gå leende på detta paradis;
Och uppå höjden, torn från Riddartiden,
Bland gröna löfven höja grånad mur,
Och mången klippa lutande och mörknad,

Mångt

Mångt präktigt hvalf än stolt i sitt förfall,
Se ned på denna dal af rankans löfskjul;
Ett fattas blott på denna Rhenens strand:
Din sköna hand, i min att ljufligt slutas.

3.

"Jag sänder liljor, som mig gåfvos här;
Fastän jag vet väl, att de måste vissna
Långt förr'n de kunna röras af din hand.
Men du! försmå dem ej fastän förfallna;
Ty endast derföre jag älskat dem,
Att af din blick en dag de skulle mötas,
Måhända draga då din själ till min,
Och medan i din åsyn de förtråna,
Påminna att de sändts från Rhenens strand,
Som gåfvor från mitt hjerta till ditt hjerta.

4.

"Stolt flyter flodens våg, beströdd med skum,
Förtjusaren af dessa ljufva bygder;
Vid hvar af tusen vändningar står fram
För ögat ny, behagligt vexlad skönhet.
Hvar anspråksfull sin önskan gränsa kan
Dervid, i denna trakt att lifvet njuta.
Och funnes ej en fläck på jordens rund,
Så kär för mig, så gynnad af naturen,
Om, älskade! ditt öga dela feck
Med mig den ljufva syn af Rhenens stränder."

LVI.

Vid Coblents, på en lindrigt sluttad mark,
En liten enkel pyramid sig reser,
Som kröner spetsen af den gröna hög;
Och nedom foten slagne hjeltar hvila.
Fast fiender, — oss icke vägras må,
Dem hedra och *Marceau,* hvars graf, för tidig,
Med strida tårar sköljts af rå soldat,
Som sörjande, afundat dock hans öde,
Att falla för sitt land, i striden för dess rätt.

LVII.

Kort, ärofullt och tappert var hans lif,
Han sörjts af tvänne härar, vän och ovän;
Och billigt fremlingen som dröjer här,
Må fälla bön för ädla själens hvila.
Som frihets kämpe, var han af de få,
Som mensklighetens lag ej öfverträdde,
Missbrukande den makt, som frihet gaf
Åt dem, dess vapen förde. Själens renhet
Han bibehöll, och vann af menskoslägt en tår. 9)

LVIII.

Vid Ehrenbreitstein med dess spridda mur,
På reslig höjd, af minors utbrått svärtad,
Syns hvad det var, när kula och när bomb
Förgäfves studsade emot dess fäste:
Ett segrens torn! Och derifrån sågs ned
På fiende med gäckadt hopp, som flydde.
Men fred förstörde hvad ej krig förmått,
Och öppnade i hast för sommarregnet,
De hvalf, som jernets regn emotstått héla år.

LIX.

O Rhen! Farväl. Hur länge ville ej
Förtjusad fremling sig hos dig fördröja!
Uti din trakt två ömt förenta bröst
Och enslig tänkare gladt skulle irra —
Om Vulturn, aldrig tröttad, hörde upp,
En gång att sjelfförsdömda hjertan gnaga, —
Här, der natur ej är för mörk, för glad,
Vild men ej skarp, förfärlig men ej ryslig —
För mogna jorden allt, hvad höst för året är.

LX.

Ännu farväl! men fåfängt allt farväl.
Hvem kan från sådan åsyn helt sig skilja,
Då fästad är i sinnet hvarje färg?
Om ögat nu de landskap måste lemna
Som det omkring dig röjde, sköna Rhen;
Det sker med tacksam blick och afskeds loford.
Väl finnas kan en trakt af större glans,
Men ej förenadt så, i ståtlig massa,
Allt herrligt, skönt och ljuft — och fordna tiders prakt.

LXI.

Det vårdslöst höga, fruktbar blom och knopp,
Som mognad låfva, sken af hvita städer,
Stolt vältrad ström, och mörka brådjups natt
Och högväxt skog, och göthisk mur emellan,
De vilda klippor, skapade som torn,
Som trotsa mensklig konst, och bland allt detta,
En ätt af anlet, glada som den bygd,
Hvars rika gåfvor likt för alla sträckas,
Lätt springa på din strand vid nära rikens fall.

7*

LXII.

Men scenen ändras: öfver mig är Alp,
Naturpalatser, hvilkas vida murar,
Högt öfver molnen spetsa topp af snö;
Och Evighet bland isens gråttor thronad,
I praktfull köld, der snölavinen föds,
Och dädan faller, härjande likt åskan.
Allt som utvidgar sinnet under skräck,
Kring dessa spetsar samlas att förkunna,
Hur jord till himlar trängt, men lemnat menskan låg.

LXIII.

Förrn jag så ryslig höjd bestiga må,
Det finns en fläck, som ej bör osedd lemnas,
Morat! ett stolt, ett patriotiskt fält.
Der ännu skådas hemsk trofé af slagne,
Der segrens ära ej bemängs med blygd.
Burgundern obegrafven ovän lemnat
En hög af ben, som genom åldrar står,
Sin egen minnesstod. Vid Stygens vågor
Dess ägare med skrän förgäfves mörkret fyllt. 11)

LXIV.

Då Waterloos är Cannas blodbad likt;
Morats och Marathons närskyllda minnen
Förvara sanna ärans segernamn,
Af anspråkslösa bröst och händer vunna:
Ett stolt, medborgligt, broderligt förbund,
Oböjda kämpar, ens för furstligt välde
Och lastbart folksfördärf! De intet land
Dömt att begråta hädelsen i lagar
Om envålds Gudarätt, stödd på Draconisk häfd.

LXV.

Vid enslig mur, mer enslig, en colònn
Står grå och sorgtärd bild af fordna dagar;
Den sista lemningen af årens våld,
Ser ut som blick förvildad skulle kastas
Af den som häpnaden till sten förbytt,
Likväl ej medvetslöst. Den här sig reser,
Förundransvärdt, ej fallen än i grus;
Då stolt, emnårigt verk af menskohänder,
Aventicum 12) beströr sitt underlagda fält.

LXVI.

Och der — ljuft, helgadt vare detta namn!
Der Julia, 13) dottern, Gudars altar helgad
Sin ungdom himlen gaf; dess hjerta brast
Af känsla himmelsk, öfver fadrens bane!
Rättvisan tårar jäfvar; fåfängt hon
Med dem vill honom rädda; han var brottslig;
Hon dog, då han ej kunde frelsas mer;
Och deras graf, som ingen bildstod pryder,
Förvarar i sitt sköt ett hjerta och ett stoft.

LXVII.

Ej sådan ömhet glömskan hölja bör;
Ej sådant namn förgås, om också jorden
Förglömde hvarje rike då det föll,
Och slafvars och tyranners död och födsel.
Sann dygd i högt och berglikt majestät,
Skall öfverlefva qvalen som den pröfvat,
Och från odödlighetens rymder se
På Solens anlet, liksom Alpens snötopp
Hvars renhet, evigt allt i renhet öfvergår. 14)

LXVIII.

Sjön Leman ler, med ytan af kristall,
En spegel hvari berg och stjernor skåda
Sin stillhets anblick i hvar enda bild,
Dess klara djup bär fram af höjd och färgor.
För mycket menska än, att genomse
Med värdigt sinne, storhet som mig omger,
Hos mig skall enslighet förnya snart
Beslöjad tanke, älskad dock som fordom,
Förr'n jag med hopen stängts i samma trånga skjul.

LXIX.

Att menskor fly, är icke menskohat;
Ej alla skapades med dem att sträfva:
Missnöje ej, att hålla sinnet sänkt
Djupt i dess källa, att det ej må sjuda
I varma trängseln, der vi blifva rof
För egen yrsel, tills för sent och länge,
Vi klaga må och strida under larm,
Med ondt för ondt, i olycksalig vexling;
Och kamp i stridig verld, der ingen finnes stark.

LXX.

Der kunna hastigt sänkas våra år
I osäll ånger; och vår själ fördärfvad,
Förvandla snart i tårar allt vårt blod,
Vår framtid målande med nattens färgor.
Så, lifvets lopp skall blifva hopplös flykt,
För dem som gå i mörker; och på hafvet
De dristigaste styra blott till hamn.
Men det gifs vandrare på evigheten,
Hvars båt går fram och fram, och aldrig ankra skall.

LXXI.

Är då ej bättre att i enslighet,
Blott älska jorden i sin egen skönhet
Der högblå Rhonens 15) våg som pilen far,
Och der den klara insjön som den föder
Liksom en ömsint moder tar till mål
Ett skönt men vildsint barn för all sin omsorg,
Och kysser bort dess oro och dess skri?
Är sämre ej, att plågas eller plåga
I verld som krossar dig, än lefva ensam här?

LXXII.

Jag i mig sjelf ej lefver, endast får
Min del af hvad mig omger. Ljuft min känsla
Af höga berg blir väckt; men städers sorl
Är marter för min själ; jag i naturen
Blott finner tadelvärdt att sjelf jag är
Motsträfvig länk utaf en köttslig kedja,
Bland djur bemängd; då själen flyga kan,
Och sig med sky, med bergspets, haf som svallar
Och himlens gyldne bloss förena i sin flygt.

LXXIII.

Så är jag uppsväljd nu; och det är lif!
Befolkad öcken som jag genomvandrat,
Mig syns ett bo för dödsångst och för strid,
Der jag för någon synd, åt sorgen kastats,
Att verka, lida; men stå upp till slut,
Med vinge frisk, som re'n jag känner växa,
Fast ännu späd, att snart som vinden stark,
Med den i täflan, mig förtjusad lyfta,
Att fly kallt jordiskt band, som kring mitt väsen snärjts.

LXXIV.

Och när tillslut, min själ sig känner fri,
Från hvad den hatar i förnedrad skepnad,
Beröfvad köttsligt lif, förutan hvad
I fluga och i mask mer lyckligt lefver; —
När skilda elementer sammanstämt
Och stoft är hvad det bör, skall jag ej känna
Allt synligt, mindre lysande, mer varmt?
Och kropplös tanke, själ af föremålen,
Odödlig lott, hvari jag äfven nu tar del?

LXXV.

Och äro berg och våg och sky ej del
Af mig och af min själ, som jag af dessa?
Är kärleken till dem ej intryckt djupt
Med ren passion? och skall jag ej förakta
Hvart föremål med dessa jemfördt? — jag
Ej heldre trotsa plågans flod än sakna
Ljuf känsla, mot en hård och verldslig flegm,
Hos dem, hvars ögon endast nedåt vändas
Till jorden, och hvars hug ej nånsin glöda törs?

LXXVI.

Jag från mitt ämne vek, och återgår
Till hvad omedelbart hör dit; jag manar
Hvem som i urnan finner tankars mål,
Att se på en, hvars mull en dag var låga,
Inföding af det land, der för en stund,
Som flygtig gäst jag fria luften andas,
Der, han ett väsen föddes, hvars begär
Var, ärans höjd att hinna — dårlig önskan!
Att, på och äga den, han offrade all ro.

LXXVII.

Sin egen plågare, här vild Rousseau,
Sophist och sorgapostel, han som strödde
Förtrollning öfver kärlek, som från qval
Drog segrande vältalighet; drog andan
Som honom osäll gjort. Men han förstod
Att äfven dårskap göra skön, och kasta
På irrig handling, irrig tanke, glans,
Af ord förblindande som solens strålar,
För ögon som vid dem utgöto tårars mängd.

LXXVIII.

Hans kärlek var passionens höjd, ett träd
Af ljungeld tändt; och af etherisk låga
Han brann och tärdes; honom detta var
Det samma som att älska. Men han aldrig
Af skönhet verkligt lefvande betogs,
Och ej af död, hvars bild vår dröm förljufvar.
Men blott af skönhets ideal som blef
För honom verklighet, och öfverflödar
Uti hans blad af eld, ehuru skenbart sjukt.

LXXIX.

Och den blef lefvande uti Julie;
I allt som vildt och ljuft är, henne klädde,
Och helgade den minnesvärda kyss,
Som helsade hvar dag hans glödda läppar
Från den, som blott mot vänskap svara vill;
Men vid så ljuf beröring, bröst och hjerna,
Allt genomträngs af kärleks grymma brand,
Måske i suck gemensam var mer sällhet 16)
Än vanligt sinne känt, då all dess önskan fyllts.

LXXX.

Mot sjelftänkt fiende hans lif var strid,
Och sjelfförskutna vänner. Ty hans sinne
Misstankens tempel blef, och valde ut
Till sina offer hela menskoslägtet,
Mot hvilket sist han rasat, vild och blind;
Men han var vansint — derför, hvem kan veta
Då trolig orsak ej kan letas ut,
Om detta drefs af sjukdom eller sorger,
Till värrsta dårskaps höjd, som talar likt förnuft.

LXXXI.

Han då var heligt hänryckt. Dädan kom
Som fordom från Pythissans helga grotta,
Orakel som i låga verlden tändt,
Ej släckt förr'n riken i dess härjning föllo.
Var det ej gjordt för Gallien, som förut
Låg under Tyranni af ålder hemfödt,
Med bäfvan tryckt af oket som det bar,
Tills af hans röst och likars väckt ur dvalan,
Dess vrede öfverdrefs af fruktans öfvermått?

LXXXII.

De sjelfve rest förfärligt monument
Af åldrad menings grus. Den hade vuxit
Från tidens födslodag. Då förlåt refs,
Allt som bakom den låg, blef kändt af verlden,
Och bland det onda, äfven godt förstörts,
Ruiner lemnande, hvaraf skall byggas
På samma grundval Thron och fängselhvalf,
Af ny och hastig välfning återfyllda,
Nödvändig sorglig följd af envälds öfvermod.

LXXXIII.

Men det ej räcka, ej fördragas kan!
Ty menskan känt sin styrka, gjort den kännbar.
Den kunnat bättre nyttjas; men förförd,
Af förr ej känd förmåga, hårdt hon delat
Med sina likar. Ömkan fanns ej mer,
Qväfd var naturlig böjelse. Och desse,
Som dvaldes i förtryckets mörka hvalf,
Ej voro örnar, ej för tiden födda.
Hvad under då att dem till offer tiden tog?

LXXXIV.

När läktes djupa sår förutan ärr?
Och hjertats blöda längst, men då de läkas,
De vanställdt lemna det. Hvem som i strid
Mot egen böjelse, den ej besegrat,
I tystnad stadnar, ej förnöjsamhet;
Passionen tyst i bröstet inneslutes
Till stund som godtgör allt; misströsta ej;
Den var och komma skall, då makt oss gifves,
Till straff och eftergift, dock ej det sista lätt.

LXXXV.

Du klara, lugna Leman! vida skild,
Från yra verlden der jag dvalts, mig kallar
Med åsyn af ditt lugn, att upprörd våg
Försaka för en mera renad källa.
Och detta segel, tysta vingen likt,
Mig bort från dårskap veftar. Förr jag älskat
Det vreda hafvets dån. Ditt ljufva sorl
Mig bannar mildt, med rösten af en syster;
Att jag blott nöje fann i allt som rysligt är.

(108)

LXXXVI.

I tysta natten allt, ifrån din strand
Till bergen, syns ej mörkt, fastän i skymning,
Och fastän sammansmält, dock skiljas kan;
Blott berget Juras väggar svarta hota
I tvärbrant höjd för ögat. Mera när,
En liflig välluckt andas ifrån stranden,
Af blomster i sin friskhet; örat rörs
Af vattnets drypande från höjda åror,
Och än af bes godnatt, i syrsans svaga sång.

LXXXVII.

Den är en aftonvandrare, hvars lif
Är barnets likt, som qvider sig till hvila.
Emellanåt, från buskar, fågels röst
Så ljufligt faller in, men åter tystnar.
På bergens höjd en hviskning sväfva tycks;
Men det är fantasi. Från stjernklar himmel,
Nedgjuter daggen tyst sin kärleks tår,
Som tränger i naturens öppna sköte,
Och ämnet föder der till hennes färgors glans.

LXXXVIII.

J stjernor! himlahvalfvens poesi!
I edra blad, om vi försökt att läsa
Mäns, rikens öden; det förlåtas bör,
Om under önskningen att storhet vinna
Vi öfverstiga dödlighetens lott,
Och söka skyldskapsband med er, som ären
Så mystiska, så sköna, och som väckt
Hos oss så vördsam kärlek ifrån fjerran,
Att lycka, rykte, makt och lif gafs stjernors namn.

LXXXIX.

I himlen och på jord är lugn; ej sömn,
Men andlöst liksom vi, då högst vi känna,
Och tyst som när vår tanke är för djup: —
I luft och jord är lugn: från här af stjernor
Till vaggad insjö och till bergens kust,
Allt i ett verksamt lif är inneslutet,
Och ej en stråle fins, ej fläckt, ej löf,
Som ej har del af lif och dold gemenskap
Med den som skapat allt, och uppehåller allt.

XC.

Oändlig känsla dädan utgår, känd
I enslighet, der minst man ensam finnes;
Och sanning som vårt väsen genomträngt,
Och det från sjelfhet renat, ljud ursprungligt,
All tonkonsts grund och själ, som känna lär
En evig harmoni, och tjusning gjuter,
Lik den, som Cythereas bälte gaf, -
Och allt förbant med skönhet — dödens gast
Afväpnande, om ock till ondt, den ägde makt.

CXI.

Ej fåfängt Persern till sitt altar valt
De högsta ställen, sjelfva bergens spetsar, 17)
Som jorden öfverse. Han icke fann
Ett muradt tempel rymligt nog att fatta
Den anda, till hvars ära, menskligt verk
Är svagt och lågt. Kom jemför blott kolonner,
Och Gudaboningar af Göth och Grek,
Med storhet i naturen, jord och luftrymd;
Och inom hvalf oeh mur ej inneslut din bön.

XCII.

Hur blef ej skyn förvandlad! Dyster natt
Och storm 18) i mörkret, hvälfning full af styrka,
Allt fagert i sin kraft, som slungad blick
Af svarta qvinnoögat! Vida framfar
Från spets till spets, och mellan klippons brått,
Det vreda dundret; ej från ensamt åskmoln,
Men vida spridda; hvarje berg har dån,
Och Jura skallar högt från molnig skrud,
Mot röst som kräfver svar, från Alpens glada rand.

XCIII.

Och allt i nattens djup — Hvad herrlig natt!
Du sändes ej för sömnen. Må mig unnas
Delaktighet i vild, förfärlig fröjd,
I dig och uti sjelfva stormens yra.
Hur liknar insjön ett phosphoriskt haf,
Hur dansar strida regnskurn öfver jorden!
Nu åter allt är svart; nu insänkt dal
Bland klippor, skakas utaf bergens dunder,
Liksom i väntan glad af jordskalf ovandt der.

XCIV.

Nu hvar den snabba Rhonen klyft sig väg,
Emellan berg, likt älskare som skiljas,
I hat afsöndrade af brådstört djup,
Att mer ej mötas, fast med bräckta hjertan,
Och, fast i själar af så stridig hug
Osämjans raseri af kärlek uppstått
Och deras vår förstört. Men se'n de skiljts,
Och kärlek upphört, dock åt dem var lemnad
Mångårig ledsnads frost och qvalsam inre strid.

(111)

XCV.

Nu, hvar den snabba Rhone så klyft sig väg,
Der rasade de vildaste af stormar;
Ej en, men månge anställt der sin lek,
Och liksom spelte boll med åskans viggar
Som fladdrade omkring. Af alla störst,
En blixt sig mellan klyfda bergen trängde,
Med eld förblindande, liksom den fann,
Att i så rysligt gap, allt kan förstöras,
Och rymd ej finns att fly för ljungelds lågans kraft.

XCVI.

Sky, berg och ström, vind, ljungeld! detta allt,
Med natt och moln och dunder, och en ande
Att fatta och lifgifva dem — Väl må
Af sådant själens sömn fördrifvas. Dundret
Som sakta rullar bort, är återljud,
Af hvad hos mig är sömnlöst — om jag hvilar.
Men hvar, o stormar, är ert fängselhvalf?
Mån stängde liksom storm i menskohjertan?
Och finnas högst på fjäll, som örnens, edra bon?

XGVII.

Men kunde jag väl fatta, gifva ljud
Åt hvad inom mig rörs — och kunde samla
I rösten tankens kraft, och kasta så
Själ, hjerta, hug, passion, stark eller mattad,
Allt hvad jag velat söka, hvad jag sökt,
Tål, känner, vet — dock andas! — i ett uttryck;
Och detta vore blott ett ljungelds ord;
Jag skulle tala — nu ej hörd, jag slocknar,
Med tanke utan röst, som svärd i baljan sänkt.

XCVIII.

Nu, morgon åter gryr, med dagg beströdd,
Med andedrägt af rökverk, kind af rosor,
Och leende bort himlens tunga moln,
Så liflig, som ej ägde jorden grafvar,
Nu glödande till dag: vi kunna nu
Det störda lifvets fortgång återtaga
Och Leman! på din strand, jag finna än
Rymd, ämne för betraktelser; ej lemna
Der något obemärkt, som väl förtjenar ses.

XCIX.

Skönt Clarens! djupkänd kärleks födslobygd!
Din luft är fläkten af ung kärleks ande.
I kärlek träden rotas, bergens snö
Och deras ishvalf kärleks färgor bära,
Och solgång kläder dem i rosenglans, 19)
Med strålar, som der hvila ljuft; och klippan
Den hårda, nämner kärlek, som der sökt
Beskydd mot verldens flärd, som själen villar
Med hopp som aldrig fylls och lemnar djupa sår.

C.

Clarens! af himmelsk fot, din stig beträds;
Odödlig kärlek här på thronen stiger,
Hvars trappsteg äro berg, och ställets Gud
Är oförgängligt lif och ljus, ej endast
Så sedt på dessa höjder; äfven så
I stilla skog och grotta. Öfver blomstren,
Hans öga strålar och hans ande sänks,
Hvars lena sommarfläckt, hvars hulda välde,
Här mer än storm förmår, i dess mest grymma stund.

CI.

Allt gaf han ursprung här, från svartklädd gran,
På höjderna hans skygd, och dån af forsar,
På dem han lyssnat; till en sluttad stig
Som höljd af vinets rankor för till stranden,
Der vattnen bugande emot hans fot,
Den dyrka under sorl, der gröna skjulet
Af hög och åldrig skog med stammar grå
Och löf, som glädjen ungt, står qvar och bjuder
Befolkad enslighet åt honom och hans verld,

CII.

Af bin och fåglar folkfylld enslighet,
Och mycket skönt i skepnad och i färgor,
Med dyrkan, ordlös, mera ljuf än ord,
Och lyftande i oskuld, glada vingar,
Ej skrämde, lifligt allt: och källors språng,
Och högre vattnens fall, och gröna hvalfven,
Med qvistar rörliga och knoppars mängd
Som hastigt lofvad skönhets tanke väcka,
Allt blandas, kärleksverk, till samma ändamål.

CIII.

Den som ej älskat, här det lära kan,
Och hjertat ande gifva. Den som känner
Ljuf hemlighet, skall älska desto mer.
Här kärlek vistas, flydd från menskors högmod,
Och verldens ödeköld, hvarvid han qvalts;
Ty kärlek måste växa eller tråna:
Han kan ej stadna, slocknar eller lyfts
Till höjd, dit han en sällhet för, som täflar
Med oförgänglig fröjd, i evighetens ljus.

8

CIV.

Ej blott för dikt, Rousseau valt denna trakt,
Och fyllt med kära böjelser; han funnit
Att den, för kärlek skapad, ömnigt gaf
Åt renad själ en gränslös rymd för bilder,
Der han sin Psyches bälte löste ljuft,
Med kärlek ung, och helgade åt skönhet.
Djupt ensligt underfullt, allt har ett ljud
Och blick af känslas ljufhet. Rhonen här
Gräft åt sig sjelf en bädd; sig Alpen rest en thron.

CV.

Lausanne och Ferney! J åt stora namn 20)
En boning gett, som gjort ert eget ryktbart.
Två dödlige som sökt och funnit väg,
Af faror omhvärfd, till odödligt minne.
De voro jättesinnen; deras mål
Var likt Titaners: Djerft på tviflet hopad
Var tankeföljd som kunnat åskans eld
Med anfall nytt från vreda himlen kalla,
Om himlen gjorde mer än le åt menskofynd.

CVI.

Den ena var blott eld och flyktighet,
Ombytligt barn i viljan så i snillet;
Än glad och än alfvarlig, vis och vild,
Skald, filosof, häfdteknare tillika!
Mångfaldigande sig i menskovärf,
Proté af all talang; men i hans lynne,
Låg löjet främst. Likt vädrens yra fläckt,
Det anföll hvad det lysste, intet skonte,
Än störtade en tok, än skakade en thron.

CVII.

Den andre djup och sen, i tankens grund
Såg in, och vishet hämtade med åren,
I djup betraktning sänkt, med lärdom skref
Och skapade med hvässad egg sitt vapen.
Högtidlig tro, med ironiens udd
Han undergräft, i löjet sjelft, högtidlig;
Hans mästerord väckt vrede, fruktans följd;
Och heligt nit, till afgrund honom dömde,
Med den vältalighet som häfver tviflet bäst.

CVIII.

Frid öfver deras aska, — ty af dem,
I fall de straff förtjent, är straffet lidet.
Oss tillhör ej att dömma; mindre än
Fördömma. Allt en dag för tanken klarnar,
Om sammansmält, vår fruktan med vårt hopp,
Skall somna med vårt stoft, på samma kudde;
Ty stoftet dör; derom ej tviflas kan.
Och när det återlefver, som vi hoppas,
Förlåtelse då vinns — om ej, lids rättvist straff.

CIX.

Men lemnom menskoverk och vändom oss
Till hennes Skapares, omkring oss spridda.
Förkortom detta blad; betraktelsen
Det fyllt så länge tills det syns oändligt.
Sig molnen sänkt till Alpens hvita höjd.
Jag måste genomgå dem att beskåda
Hvad mig tillåtas må, då djerfva steg
Mot deras högsta trakt jag vågar vända,
Der till dess famntag jord nedkallar etherns makt.

8*

CX.

Italien! då jag hädan på dig ser,
Mot själen flammar ljus af fordna dagar,
Från det dig Punisk Drott, så när förstört,
Till sista röst af höfdingar och vise,
Som fyllt en helgad häfd med ärans glans,
För herradömen, thron och graf; nu källan,
Der själen flämtande, sin kunskapstörst
Kan släcka i den våg som evigt flyter
Ifrån din vigda jord, Roms kejserliga höjd!

CXI.

Så länge jag ett ämne följt, och det
Förnyat under förebud ej milda:
Att hvad vi varit, vi ej se oss mer,
Och icke hvad vi borde; men att härda
Vårt hjerta mot sig sjelft, och dölja djupt
Af högmod, kärlek, hat och hvad oss hänför, —
Passion och känsla, afsigt, sorg och nit, —
Tyrannisk ande öfver tankekraften,
För själen svåra värf! Nå väl — det är oss lärdt.

CXII.

Och dessa ord, så väfda uti sång,
Måhända äro svek men svek oskyldigt —
Att gifva färg åt syn som flyr förbi;
Den jag i flygt vill fatta, att bedraga
Mitt eller andras bröst, blott för en stund!
Visst ungdoms törst är rykte; ung ej mera,
Jag ger ej akt på gunstens, vredens, blick,
Vinst, eller ock förlust af snillets ära;
Jag ensam stått och står — hugkommen eller glömd.

CXIII.

Jag verlden ej har älskat, den ej mig.
Jag ej dess ande smickrat, eller nedböjt
För dess afgudadyrkan tåligt knä, —
Ej vrängt min kind till smilet eller ropat
Tillbedjande, ett echo; I dess hop
Jag funnits, del deraf ej kunnat dömmas,
Ej någon lik af den. I svepning klädd
Af tankar icke deras, som de varit,
Om jag ej skärpt min själ att segra på sig sjelf,

CXIV.

Jag verlden ej har älskat den ej mig.
Dock skiljoms, goda fiender. Jag gerna
Tror att ord finnas, fast jag dem ej fann,
Som äro ting, och hopp som ej bedraga,
Och dygder ömkansfulla som ej lagt
För andras felsteg snaror. Jag vill dömma,
Om andras sorg, att någon gifves sann: 21)
Att någre få det äro som de synas,
Ej godhet blott ett namn, ej sällhet blott en dröm.

CXV.

Min dotter! Sången med ditt namn begynts
Min dotter! med ditt namn skall sången slutas.
Jag ser och hör dig ej; men ingen kan;
Så tanken vid dig fästa; du är vännen,
Dit flydda årens skuggor sträcka sig.
Om ock du aldrig mer mig skulle skåda,
Min röst skall blandas med din framtids dröm
Och hinna till ditt hjerta — Då jag kallnat —
Ett tecken och ett ljud ifrån din faders mull.

CXVI.

Din själs utveckling främja — följa ljuft
Din späda glädjes gryning — liksom skönja
Ditt växande — dig stundtals hemta se
Ny kännedom af ting — för tanken under —,
Lätt vagga dig på rörligt fadersknä,
Och trycka faders kyss på lena kinden,
Det kunde synas icke gjordt för mig;
Finns dock i min natur — och som den blifvit,
Jag vet ej hvad der är, men något detta likt.

CXVII.

Och, skulle hat dig läras som en plikt,
Jag vet, du skall mig älska, om ock namnet
Blir stängt ifrån ditt öra, likt ett ord,
Som medför sorgligt öde, — brutet anspråk,
Liksom en graf, var kastad mellan oss —
Likväl jag vet, du älskar mig, om äfven
Man sökte suga från ditt lif mitt blod,
Liksom en fläck — det vore dock förgäfves.
Du älskar mig ändå, och heldre lifvet gaf.

CXVIII.

Du, kärleks barn! fast född i bitterhet,
I själens skakning ammad. Sådant varit
Din faders grunddrag; så blir äfven ditt,
Och sådant omger dig. Din eld skall blifva
Dock mindre grym, och högre lyft ditt hopp.
Såf i din vagga sött! från vida hafvet
Och från de höjder der jag andas nu,
Välsignelse till dig jag ville vefta,
Liksom jag tror, ditt lif det kunnat bli för mig.

SLUT PÅ III SÅNGEN.

Noter till Tredje Sången.

1) St. III. En tid af åtta år har förflutit mellan författandet af de två första och de två sednare sångerna af Childe Harold. *Öfvers. not.*

2) St. XXI. Det säges att en bal gafs i Brüssel, aftonen före slaget vid Waterloo, som ej är långt derifrån.

3) St. XXVI. Sir Evald Cameron och hans afkomling Donald, kallad *the gertle Lochiel.*

4) St. XXVI. Skogen Soignies tros vara en lemning af Ardenner-Skogen, namnkunnig genom Bojardos Orlando amoroso, odödlig genom Shakespears *As you like it.* Tacitus nämner den som stället, der Germanerne satte en gräns för de Romares eröfringar.

5) St. XXXIV. Det diktas om äpplen som växa på stranden af sjön Asphaltes. Se Tacitus, Hist. 5. 7.

6) St. XLI. Napoleons stora misstag var en yttrad känslolöshet för menniskoslägtet.

7) St. XLVIII. Då Kung Jacob mötte John Armstrong och hans följe, i hela deras prydnad, gjorde han en dylik fråga.

8) St. I af Sången. Drackenfels, ruin af ett slott på högsta spetsen af de sju bergen vid Rhenens stränder. Mängd af sådana, jemte större och mindre städer finnas der, i förvånande sköna belägenheter.

9) St. LVII. Den unge och högt saknade General Marceau föll för en studsarkula vid Altkirchen, sista dagen af Republikens fjerde år. Hans begrafning bevistades äfven af den fiendtliga arméens Generaler och ett detachement derifrån. Hoche, i alla afseenden lika berömvärd, hvilar i samma graf. Ehuru lika utmärkt i krig, hade Hoche ej den lyckan att dö på stridens fält. Vid hans död uppstod misstanke om förgift.

Ett serskildt monument är upprest öfver honom
vid Andernach, i hvars nejd en af hans förnämsta
bedrifter förefallit. Inskriften der, är enklare och
vackrare än den på Marceaus graf: *Sambre oeh Meu-*
se arméen åt sin högsta befälhafvare Hoche.
Öfversättaren har sett detta monument under en
fart på Rhenströmmen i månsken. Det är stort och
värdigt sitt föremål.

10) St. LVIII. Ehrenbreitstein förstördes af de Franske,
under stilleståndet i Leoben. Ibid. Från Coblentz på
den motstående stranden af Rhen, framställer denna
vidsträckta ruin en högst förvånande tafla.

Öfvers. not.

41) St. LXIII. Pyramiden af menskoben är anseligen
minskad. Den Burgundiska Legionen i Fransk tjenst,
har velat utplåna minnet af sina landsmäns olyckliga
företag; och Schweitziske postillioner hafva borttagit
sådana ben att sälja dem till knifskaft.

42) St. LXV. Nu Avenches, nära Morat.

43) St. LXVI. Julia Alpinula, Aventisk Prestinna, dog
snart efter ett fåfängt bemödande att frelsa sin fa-
der, dömd till döden som förrädare af Aulns Cæci-
na. Minnesvården, som förvarar hennes vackra ger-
ning, är för många år sedan upptäckt. Inskriften
är följande:

Julia Alpinula
Hic jaceo
Infelicis patris infelix proles
Deæ Aventinæ Sacerdos.
Exorare patris necem non potui.
Male mori in fatis illi erat.
Vixi annos XXIII.

44) St. LXVII. Förf. såg under en fart på båt, bilden
af Mont Blanc och af Mont l'Argentiere, belägne 60
Engelska mil, från Insjön der de speglade sig.

45) St. LXXI. Rhonen vid Geneve har en så hög blå

färg, att Förf. ej sett den sådan på något vatten, salt eller friskt, utom på Medelhafvet och Archipelagen.

Ibid. Huru en sjö kan sägas kyssa bort skriket af en flod, som utgår derifrån, är svårt att utreda. Men liknelsen går här framom sitt föremål; och det är modren, ej sjön som kysser.   *Öfvers. not.*

16) St. lxxx. Har afseende på Rousseaus passion för Grefvinnan d'Houdetot, som han omtalar i sina Confessioner.

17) St. xci. Det bör ej förgätas, att den kristna Religionens gudomlige stiftare uttalade sina vackraste och mest rörande lärdomar, ej i Templet, men på berg. Demosthenes talade till det församlade folket, Cicero i forum, begge i fria luften, m. m.

18) St. xcii. Åskvädret, som här beskrifves, föreföll d. 13 Junii 1816. Förf. har, bland Chimaris Acrocerauniska berg, sett sådana, mer förfärliga, men ej så vackra.

19) St. xcix. Se Rousseaus Heloisa 4:de del. 17:de br.

20) St. cv. Gibbon och Voltaire.

Ibid. Gibbon var en författare af stor förtjenst. Jemförelsen i det hela med Voltaire, torde dock bevisa någon förkärlek för landsmän.   *Öfvers. not.*

21) St. cxiv. La Rochefoucault påstår att då menniskor träffas af olyckor, finnes alltid något deri som fägnar deras bästa vänner.

Ibid. La Rochefoucault går här längre än Lord Byron i elak tanke om menniskor.   *Öfvers. not.*

IV SÅNGEN.

I.

Jag i Venedig stod på suckars bro,
Ett fängsel och ett slott på hvarje sida. 1)
Jag såg dess byggnader; ur vågens famn,
Liksom vid slaget af en trollstaf resta.
Årtusen talade från molnig vidd,
Omkring mig; minnet af förfallen ära
Från fjerran ställde fram mångt kufvadt land,
Som ödmjukt såg åt vingadt lejons stoder,
Der Ven'dig satt i prakt på hundra öars thron.

II.

En Sjöcybele lik, 2) från hafvet nyss,
Uppstigande, med tornbeprydda hjessan,
I fjerran mist, med rörligt majestät,
Som Drottning herrskande på vattnens makter,
Så var hon förr; — dess döttrars hemgift togs
Af folkens rof; och Östern outöslig,
Göt i dess sköte, ädla stenars regn;
I purpur var hon klädd. I hennes högtid
Monarker togo del och ärades deraf.

III.

Der höras Tassos genljud icke mer, 3)
Och sånglös gondolier för, tyst sin åra.
Palatser synas lutande mot strand,
Af toners samljud örat sällan fägnas; —
Flydd, maktens tid — dock skönhet finnes än.
Ty Stat och konst förfalla; ej naturen.
Men svårt förglöms hvad fordom Ven'dig var,
Högtidlighets och glada festers boning,
För jorden, glädjens hem, Italiens maskerad.

IV.

För oss hon äger dock en bokstaf qvar,
Framom sitt namn i häfd, och långa skaran
Af stora skuggor, som i modfälldt skick
Fly öfver maktlös stad, sin *Doge* beröfvad.
Vi äga en trophé, som ej förgås 4)
Med hög Rialto: *Shylock,* svarta Mohren
Och *Pierre* ej kunna glömmas, nötas bort,
Som hvalfvens nyckelsten. Om allt försvinner,
För oss befolkas dock den ödelagda strand.

V.

Ej äro snillets varelser af mull.
Af egen kraft odödlige, de skapa,
Mångdubblande hos oss en stråle klar,
Och mera älskvärdt lif, som ödet vägrar
Åt verklighet, i dödlighetens tvång:
Ja, anden i sin lyftning först förjagar,
Sen återställer målet för vårt hat,
Och vattnar bröst, hvars ungdoms blomster vissnat;
Men hvilkas tomhet fyllts med mera frodig växt.

VI.

Vår ungdoms och vår ålders tillflygt vinns
I hoppet först, och sist i sinnets hvila.
Den nötta känslan fyller många blad,
Måske ock dem, mig under ögat växa.
Dock finnas ting, i verklighetens kraft,
Vidt öfver diktens verld i form och färgor,
Och skönare än all fantastisk sky,
Och stjernekretsar, hvilka SångGudinnan,
På vild, omskapad verld, har konst att sprida ut.

VII.

Slikt såg jag eller drömde. Bort dermed.
Det kom som sanning och som drömmar flydde.
Och — hvad de varit — äro nu: blott dröm.
Jag kunde återta dem; men mitt sinne
Vill föda mången skepnad mera lik
Med hvad jag sökt, och hvad jag stundom funnit.
Bort äfven dessa. Vaknande förnuft
Fann öfverdrift af fantasien skadlig;
Och annan röst är hörd, och annan syn är sedd.

VIII.

Jag lärt mig andra språk — ej olärd är
I fremlings blickars tydning. Och ett sinne
Som är sig sjelft, för skiften häpnar ej.
Ej bittert är att skapa, svårt att finna
Ett land — med eller utan menskoslägt. —
Dock är jag född, der *man* är stolt att vara,
Ej utan skäl. Och skulle jag då fly
En okränkt ö, den vises, fries boning,
Och söka mig ett hem vid långt aflägsna haf?

IX.

Måske, jag älskat den; och skulle jag
I annan jord än min, min aska lemna,
Min hamn den återsöker — om ett val
Oss efter döden gifs. Jag hoppet älskar
Att blifva omtald af min egen stam,
På eget språk. Men om för högt sig sträcker
Ett hopp som är för hjertat alltför ljuft;
Och om mitt rykte, likasom min lycka,
Fort uppväxt fort skall dö, och glömskan stänga af

X.

Mitt namn från templet der de dödas mull
Af folken heder njuter — må det vara —
Och lagren på en högre hjessa ses.
Spartanens grafskrift då min vård må pryda:
*"Mång värdigare son har Sparta födt." s)
Jag sympathi ej söker, ej behöfver.
Jag törnen skördat af det samma träd,
Jag plantat — de mig stungit — och jag blöder.
Jag borde känt hvad frukt af sådant frö kan gro.

XI.

Förlorad brudgum sörjer Adrias haf,
Och årligt bröllop icke mer skall firas.
Ej vårdad mer, förmurknar Bucentaur'n,
Allt från dess enkestånd, en aflagd prydnad.
Sankt Mark än ser sitt lejon 6) der det stod;
Det står, men gäckadt som ett multnadt välde,
På samma torg, der Kejsarn ödmjuk bad,
Den tid, Monarkerne med afund sågo
Som Drottning denna stad, i håfvor främst af allt.

XII.

Här Suabern 7) bad; nu Österrikarn styr.
Nu trampar Kejsare, der Kejsarn knäböjt.
Till län ha riken fallit, kedjor sträckts
Utöfver kungastäder. Folkslag smultit
Från maktens högsta spets, se'n lyckans Sol
Dem lyst en stund; de nu i djupet vältras
Liksom Lavin, från bergets bälte löst.
O Dandolo! s) om du en timma uppstått,
Som nittioårig, blind, eröfrande Bysantz!

XIII.

Bronzhästarne än blänka vid Sankt Mark;
Mot Solen glittra deras gyldne halsband.
Men är ej nu besannadt Dorias hot? 9)
De betslats! Ven'dig vunnen och förlorad,
Med trettonhundraårig frihet flydd,
Likt vass, i vattnet sjunkit, der hon föddes.
Och bättre sänkt i vågen, än att se
I djupet af förstöring, utländskt välde
Som blidkas kan till ro, af låg förnedring blott.

XIV.

Än ung, hur ärofull! — det andra Tyr! —
Ditt binamn sjelft härstammande från segrar,
Från Lejonplantarn, 10) genom blod och eld,
På kufvadt land och haf, af dig var buret.
I träldom folk du lade, sjelf dock fri,
Europens fasta värn mot Ottomanen.
Det vittne Candia, Ilions rival,
Och du, Lepantos våg, af strid, odödlig!
Namn, som ej tyranni, ej tid kan plåna ut.

XV.

Glasstoder — alla splitrade — lång rad
I stoft förbytt, af hennes fallna Doger;
Men der de vistats, byggnad stor och rik,
Än tyder prakt, som höga kallet följde.
Dock deras spira bruten, rostadt svärd
För fienden har vikit: toma salar,
Och öde gator, glans af utländsk färg, 11)
Som tyder hur och hvem här oket pålagt —
Allt kastar sorgligt moln på Ven'dig, förr så skön.

XVI.

Athén, din här vid Syracusa föll,
Och tusen dina barn i bojor fördes;
Dock du af attisk Sångmö såg dig frelst, 12)
Och dina barn ur fångenskapen lösta.
Vid ljud af tragisk hymn, triumfens vagn
Af häpne segrarn hejdas, tömmen faller
Ifrån hans hand, det sysslolösa svärd
. Vid sidan glöms; han fångars kedjor löser,
Och för sin frihet ber dem tacka Sångens makt.

XVII.

Så Ven'dig, om ej större anspråk gafs,
Om alla bragder glömts som häfd förvarar,
Ditt sångarminne af odödlig Bard,
Din Tassos kärlek bordt de fjettrar lösa,
Vid din tyrann dig fästat. Nu din lott
Nationerna vanärar, mest af alla,
Dig Albion. Ej hafvens Drottning bordt
Så öfvergifva hafvets barn; vid fallet
Af Ven'dig, tänk på ditt, till trots mot böljans värn.

XVIII.

Jag älskat Ven'dig från min barndoms år;
Hon var liksom en trollstad för mitt hjerta,
Likt vattenpelarn lyft ur hafvets famn,
Och glädjens boning, rikedomars marknad.
Och Otways, Radcliffs, Schillers, Shak'spears konst 13)
Hos mig dess bild har intryckt; lika liflig,
Fast nu, jag henne sett, dess bild blef qvar,
Måhända mera kär i nödens stunder,
Än då hon var ett mål för högmod, undran, skryt.

XIX.

Jag det förflutna kan befolka än;
Och af det lemnade, för hug och öga,
Och lugn betraktelse, det finnes nog,
Ja mer, måhända, än jag sökt och hoppats.
Och af de sälla stunder ödet väft
Inom mitt lif, de sällaste måhända,
Från dig upphämtat sina färgors glans.
Det gifves känslor, dem ej tid kan döfva,
Ej marter; annars min, nu vore kall och stum.

XX.

Men af naturen, växer Alpens tall 14)
Högst på de minst af jord betäckta klippor,
Och rotas bäst, der minst af mull den stöds
Mot Alpens hvirfvelstorm. Der stammen växer
Till trots mot vindens dån med herrlig kraft,
Tills den i höjd och sträckning värdig finnes
De berg, omätliga, från hvilkas block
Af ljus och grå granit, den lifvet hemtar,
Till slut ett jätteträd. Så sinnet lyftas kan.

XXI.

Tillvarelsen må tålas; lif och qval
I toma sorgsna bröst med djupa rötter
Tillsammans fästa sig. Kamelen stum,
Framsträfvar, fast af bördan öfverlastad;
I tystnad ulfven dör. Exemplet må
För oss ej fåfängt blifva; när så låga
Och vilda väsen utan klagans röst,
Fördraga plågorna, vi mera ädla
Må härdigt bära dem; det är blott för en dag.

XXII.

XXII.

Allt lidande förstör, om ej förstördt
Af den som lider; och i bägge fallen
Upphör. En del med fylldt och lyftadt hopp
Sin vandring återtar och förra syften
Och väfver samma väf. I bugning spänd,
En annan sträfvar och i förtid grånar,
Och med ett bräckligt rör till stöd, förgås.
En söker andakt, godt, ondt, mödor, härnad,
Allt som af medfödd drift, han sjunker eller höjs.

XXIII.

Men alltid efter öfvervunnen sorg,
Likt Scorpionens styng, ett tecken lemnas,
Knappt sedt, men bördigt med ny bitterhet.
Och ringa sak kan stundom återföra
Till hjertat bördan som det velat fly,
För alltid fly. Ett ljud, det vare endast
En sång, en qväll af sommar eller vår,
En blomma — vinden — hafvet — oss kan såra,
Electrisk kedja rörd, hvarvid vår själ sig fäst.

XXIV.

Men hur och hvarför, vi ej kunna se;
Ej följa till sitt moln, slik sinnets ljungeld.
Vi fåfängt vilja vid förnyadt slag,
Utplåna svarta ärret som det lemnar;
Ty från alldagligt, menlöst föremål
Då minst vi vänta det, i åsyn kallas
De spöken, exorcism ej binda kan:
De kallnade, förändrade, och döda,
Och sörjda kärleksmål — för många! — dock hur få

9

XXV.

Min själ har vandrat; jag den återför
Till åsyn af ett stort förfall, att stadna,
Ruin ibland ruiner, följa spår
Af stater, storhet, i ett land, begrafne,
Som öfvermäktigt i sin fordna höjd
Och skönast än, för alltid måste blifva
Den himmelska naturens mästerverk,
Hvari var gjutet hjeltemod och frihet,
All skönhet, tapperhet och makt på jord och haf.

XXVI.

En republik af kungar, män af Rom!
Allt sedan, äfven nu, Italien sköna!
Du, verldens rika lustgård, är ett hem
För allt hvad konst förmår, natur kan skänka;
Och der du ödslig syns, hvad liknar dig?
Ditt ogräs sjelft är skönt, och ödemarken
Mer rik än andra länders fruktbarhet.
Ditt stoft är ära, din ruin är helgad
Af minnets högsta glans och oförstörlig prakt.

XXVII.

Se! månen uppgick; än det ej är natt —
Med henne solgång delar skyn — kring Alphöjd
Af blå Friulis bergsrand, likt ett haf
Sig gjuter herrligt sken. Och molnfri himmel,
Af alla ljusets färgor, synes smält
Till vidsträckt Iris, öfver Vestra rymden.
Dag, i förfluten evighet der sänks,
Men öfver Östern, mildt Dianas anlet
På azurn skrider fram — en sälla väsens ö.

XXVIII.

En enda stjerna, vid dess sida klar,
Den sköna himlens hälft med henne delar. 15)
Dock solens eldhaf svallar än fördröjdt
Omkring Rhæteiska bergens fjerran spetsar.
Än stridde dag och natt; men sist natur
Sin ordning återtog: — behagligt flyter
Djupfärgad Brentas våg, och balsam doft
Af nyfödd ros, sig jemte purpurn sprider
Som strömmar på dess ström, och glöder på dess glas.

XXIX.

Betäckt af himlens bild från fjerran sänkt,
Af alla färgor, vattnens yta lyser, ·
Som allt från Solgång upp till stjernans bloss
I glans förtrollande sig vida sträcka.
Men, de förändras; bleknad skugga för
Sin mantel öfver bergen; dag som slocknar,
Dör som Delphin, hos den hvart dödens qval
Af nya färgor ses, tills lifvet upphört,
Den sista skönast, men derefter allt är grått.

XXX.

Vid Arqua finns en graf, i höjden rest;
Och mellan pelare, på Sarcophagen,
Der hvilar Lauras 16) älskare; och der
Af dem som känt den eld, han skönt besjungit,
Församlas mängd, till Snillet pilgrims färd.
Han uppsteg att ett språk och födslobygden
Från barbari befria och från ok.
Det träd som bar hans skönas namn, han vattnat
Med mång melodisk tår, som lyft hans ryktes höjd.

9*

XXXI.

Hans aska göms i Arqua, 17) der han dog,
En by på berget, der hans dagar flöto
Till ålderns dal. Och byn är stolt deraf:
En ädel stolthet. Må den högmod njuta,
Då desse åbor bjuda vandrarns blick
Hans hemvist och hans grafvård, enkla båda.
De jemte vördnad väcka i hvart bröst
En känsla, mer harmonisk med hans qväden,
Än om en pyramid förvarade hans mull.

XXXII.

Och denna lugna bergsby, der han dvalts,
Är af den art, som synes enkom skapad
För den, som djupt sin dödlighet har känt
Och från bedragna hoppet sökt en tillflygt
I mörka skuggan af en grönskad höjd,
Der ögat fägnas i en fjerran utsigt
Af städer, hvilkas verksamhet ej mer
Kan locka själen från sin ro; och strålen
Af molnfri sol, nog skön för hennes högtids dag,

XXXIII.

Utvecklar bergens, löfvens, blomstrens prakt,
Och kastar skenet öfver bäck som sorlar,
Der, klart som vattnen, ledig timma flyr
Med stilla trånad, som fastän för ögat
Den liknar lättjan, har moraliskt mål.
Om sällskapsverld oss lära kan att lefva,
Bäst enslighetens lugn oss lär att dö.
Der finns ej smicker, fåfängt stöd i hoppet;
Och menskan måste der sjelf kämpa med sin Gud. —

XXXIV.

Måhända med demoner, 18) som förstört
Af bättre tankar kraften, rofvet söka
I vemodsfulla bröst, från lifvets vår
Till vildhet böjda och fantastisk yra,
Som dväljas helst i sorgens, fasans natt,
Och tro sig endast för en dom bestämda
Af qval dem tidens hand ej skingra kan.
För dem blir solen blod, en graf blir jorden,
Och grafven helvete, i mörker, mera djupt.

XXXV.

Ferrara! gräs på dina gator växt,
I vidd och prakt, för enslighet ej bygda;
Liksom förbannelse de säten slog,
Hvars fordna herrskare, den gamla ätten
Af Este, under många åldrars lopp
Sitt välde uppehöll bland dina murar:
Beskyddare, tyranner, alltsom nyck
Hos små regenter dref, mot dem som buro
Den krans åt Dante blott var före dem beskärd.

XXXVI.

Och Tasso, deras ära, deras blygd!
Hör först hans sång, och sedan se hans fängsel,
Se hvar Alfonzo inneslöt sin skald,
Hur dyrt, Torquatos rykte blef förvärfvadt!
En låg despot förgäfves kufva sökt
Så förolämpad själ, och honom omgaf
Med galnas hop, i afgrunds fängsel sänkt,
Att tråna bort i nöd. Odödlig ära
Sent molnens natt fördref; och följas skall hans namn

XXXVII.

Af alla tiders pris och tårar. Ditt
I glömska skolat ruttna, sänkt i djupet
Af hånadt stoft, liksom din stolta ätt
Till intet sjönk, om ej som länk i kedjan
Af Tassos öden, oss till minnet förts
Din låga ondska, med föraktet brännmärkt.
Alfonso! all den prakt dig omgaf, flyr
Ditt minne. Född i annat stånd, du funnits
Knappt värd att vara slaf åt den, du qvalt så grymt:

XXXVIII.

Du! född att äta och föraktad dö,
Liksom osjäligt djur; blott att dig unnats
Ett mera präktigt tråg, och stia vid —
Han, med en strålkrans öfver fårad hjessa,
Som tändes då, och nu förblindar allt,
Till trots hans fiender och Cruscas hånskri
Och Boileaus, hvars afund ej fördrog
Hvad öfversteg hans landsmäns hesa lyror,
Och deras skärnings ljud, enformighet i ton!

XXXIX.

Frid öfver Tasso! Förorättad hamn,
I lif och död ett mål för giftets pilar,
Förgäfves riktade mot segrarns bröst,
Af nya tiders sång ej öfverträffad!
Hvart år millioner föder; men hur långt
Skall menskoåldrars bölja framåt flyta,
Förr än bland sammanträngd, otalig hop
En själ som din skall födas. Tusen strålar
Af spridda mindre ljus, ej samlas till en sol.

XL.

Stor som du är, medtäflare, du fann,
I landsmän, födda förr än du, att lysa:
I Helvetets i Riddarlifvets bard,
I Gudakomedins 19) Toscanske fader;
Och se'n, ej olik Florentinarns frägd,
Kom Söderns Scott, hvars sång ur mörkret kallat
Ny underverld med trollstaf i sin vers,
Och, som hans like, nordens Ariosto, 20)
Sjöng damers kärlek, krig, romans och Riddardygd.

XLI.

En ljungeld ref från Ariostos byst,
Dess krans af lagrens löf, i jernet härmadt. 21)
Och ej så orättvis var himlens eld;
Ty sanna lagrens krans, den äran knyter,
Är af det träd, som aldrig åskan slår,
Och af dess härmning, vanprydd var hans hjessa.
Men om vidskepelsen drar sorglig följd;
Så vet att åskan helgar hvad den träffar,
Och att en dubbel helgd blef vid hans hjessa fäst.

XLII.

Italien! 22) o Italien! du, som gafs
Olycklig skönhet, grund till fordna plågor,
Och de nuvarande — af sorgens hand
Och blygselns, är din sköna panna fårad;
Och dina häfder ristades i glöd.
Ack! om din jord af ödslighet betäcktes!
Du mindre skön, mer kraftfull, kunde sjelf
Din rätt försvara, röfvare förfära,
Som prässa ut ditt blod, och läskas af din tår!

XLIII.

Mer fruktad vore du, ej mer så sökt,
Inom dig säll och fredlig, ej beklagad
För lockande behag, till strid ej trött.
Ej skulle väpnad strömfors mer sig störta
Från Alpens djupa fjelltrakt; ej från Po,
En ryslig ströfvarhop af skilda folkslag
Mer dina floder töma, fremlings glaf
Ej blifva ditt försvar, ej du i segren
Af vän; i nederlag af ovän blifva träl.

XLIV.

Jag, vandrande som ung, har spåret följt
Af Romersk vän 23) åt Tullius, mest odödlig
Bland Romas barn; lätt skummade min båt
De klarblå vattnen, förd af friska fläckten.
Framför jag såg Megara, och bakom,
Aegina lemnades, Piræ'n till höger,
Till venster låg Corinth. Jag nedböjd låg
På framstam, att betrakta här förenad
Ruin, och sorglig syn, som Servius fordom såg.

XLV.

Ty tiden ej ruinen återställt,
Men rest Barbarers hemvist vid dess sidor,
Som, göra mera saknadt mera kärt
Det sista spridda ljuset af dess strålar
Och krossad lemning af försvunnen makt.
Re'n i sin tid, såg Romarn dessa grafvar
Af sköna städer, som vår häpnad väckt;
Hans blad, som tiden ej förstöra hunnit,
Gaf lärdom, redan då, en följd af pilgrimsfärd.

XLVI.

Hans blad är för min syn; och i min sång
Hans eget lands ruin är tillagd massan
Af fallna stater, hvars förfall *han* sörjt,
Och hvars förstöring *jag.* Allt som då varit,
Är nu ej mer; beherrskande en verld,
Rom, sjelfva Rom, är ock af stormen kastad
I grus af allmänt fall och svart ruin;
Och vandrarn ser Titaniska skeletten, 24)
Vrak af en annan verld, hvars aska än är varm.

XLVII.

Italien! dock i hvarje annat land
Ditt lidande bör ljuda och skall ljuda.
Du konstens moder, vapnens moder förr,
Vårt fordna värn, nu stjernan som oss lyser!
Hos dig vår lära föddes; vidt omkring,
För himmelrikets nycklar folken knäböjt.
Europen, ångrande sitt fadermord,
En dag dig frelsa, och tillbakakasta
Skall barbariets flod, försonande sitt brott.

XLVIII.

Oss Arno vinner med dess murars glans;
Etruriens Athén, i sina salar
Förtrollande, varaktig känsla tändt.
Af höjders krets omgjordad, gladt hon skördar
Sin säd och vin och olja. Ömnighet
Förljufvar lifvets värf med fyllda hornet.
Kring stränderna, der Arno flyter fram,
Blef nytids öfverflöd af handeln buret;
Begrafven lärdom steg, i morgonrodnad ny.

XLIX.

Gudinnan 25) der — af kärlek marmorn rörs —
Med skönhet luften fyller, och vi andas
Ambrosians doft; ljuft breder denna syn
Odödlighetens känsla; himlens förlåt
Är halft upplyftad. Inom stodens krets,
Vi stå och se i anlet och i skepnad,
Hur menskokonst natur kan öfvergå:
Med afund se, hur hedingar från fordom
Af medfödd snillets blixt, ett sådant under skapt.

L.

Vi skåda, och gå bort, ej veta hvart,
Af skönhet blände, druckne, tills vårt hjerta
Af fullhet svigtar. Der, för alltid der,
Bekedjade vid konsternas triumfvagn,
Vi fångne, dock ej önska bortgång fri.
Men bort! ej fordras tal, ej sökta konstord,
Ej prat som fyller marmormarknads rymd,
Pedant som villar fånar. Egna ögon
Blod, pulsar, hjertats röst bekräfta Paris dom.

LI.

I denna skepnad, såg ej herden dig?
Ej sällare Anchises? Var du sådan,
När du i gudomens fullkomlighet,
Vann krigets Gud till slaf, och på ditt anlet
Han liksom på sin sällhets stjerna såg,
Låg i ditt sköte, och med uppvändt öga,
Sög tjusning af din kind; i det din munn
Göt lava kyssar, smältande i branden,
Som från en urna, på hans ögon, panna, läpp?

LII.

I glöd omgjuten utaf mållöst väl,
Är sjelfva Gudoms kraften icke mäktig
Att känslan uttryck ge och öka den.
Och Gudar likna oss; vi äga stunder
Som likna deras ljufvaste; dock tyngd
Af jord oss återför; — men det så vare;
Vi kunna syner återkalla, skapa dem,
Af hvad har varit eller kunde vara,
Som likna denna bild och Gudar på vår jord.

LIII.

Åt lärdom och åt vishet lemnar jag,
Åt konstnärn och hans apa att bestämma
Med noggranhet hur de förstå sig på
Att tyda ut de svällande behagen.
Beskrifve de hvad ej beskrifvas kan;
Må deras anda ej den ström fördunkla,
Der denna bild skall synas evigt klar,
I spegel af den skönaste bland drömmar,
Som nånsin sänkts från skyn att elda själens djup.

LIV.

I Santa Croces helga förgård 26) göms
Stoft, som den helgar mer, som i sitt sköte
Odödligheten innebär, om ock
Ej annat funnes qvar än det förflutna,
Och äfven det, ibland allt stort och skönt,
Till kaos återsänktes. Ty der hvila
En Angelos, 27) Alfieris ben, och hans
Den stjernbekrönte, qvalde Galileis;
Der, Machiavelles 28) mull sitt ursprung återfann.

LV.

De fyra snillen åt en skapelse,
Likt elementer kunnat ämne gifva.
Italien! Tiden gaf dig tusen sår;
Men den har vägrat och skall alltid vägra
Åt andra luftstrek hvad den unnat dig;
Så stora själar ur ruinen stegna.
Och ditt förfall än Guddoms stämpel bär,
Som det förgyller med en lifvets stråle.
Hvad förr var stort hos dig, Canova är i dag.

LVI.

Hvar hvila nu Etruskerne de tre —
Dante, Petrark och nästan stor som dessa
Han, 29) prosans bard, hvars skaparsnillé gaf
Ett hundra kärlekssagor. Hvar förvaras
Från vanligt stoft åtskilde, deras ben,
I döden som i lifvet? Om de multnat,
Har deras hemlands marmor ingen röst?
Ej block hvaraf för dem en stod kan resas?
Ha de ej anförtrott sitt land en sonlig mull?

LVII.

Otacksamt Florens! Dantes 30) förebrår
Dig, liksom Scipios 31) graf från fjerran stränder.
Din tvedrägt under mer än borgligt krig
Fördref den Skalden, hvilkens namn för alltid
Af dina barnbarn fäfäng dyrkan vann,
Och sena åldrars ånger. Och den lager,
Som af Petrarcas 32) hjessa uppbars högst,
Var växt på långtaflägsen utländsk jordmån,
Hans lif, hans graf, hans namn, fast röfvadt, icke ditt.

LVIII.

Boccaccio gaf i döden, åt sitt land, 33)
Sitt stoft — Feck bland dess stora män det hvila?
Sjöngs månget requiem, högtidligt ljuft,
För den, som gaf Toscauskt Sirenspråk bildning,
Det språk som är musik, hvars ljud är sång
Och talets poesi? Nej; grafven uppref
Skenhelighets hyænan, och förböd
Dess rum bland ringa grafvar — ty ett ord
Der sade: *det var hans;* och väckte vandrarns suck.

LXI.

Och Santa Croce saknar deras mull
Den mäktiga — mer ryktbar af förlusten,
Som Cæsars slott beröfvadt Bruti stod,
Påminte mer, om Son af Romas frihet.
Mer säll Ravenna! der på grånad strand,
Vid ramladt väldes fäste, hedrad hvilar
Odödlig flykting — Arqva ock behöll
Med högmod, ljudfull minnesvård af Skalden;
Då Florens fåfängt kräft den landsförvistes ben.

LX.

Hvad är din ädla stenars pyramid,
Af jasp, porfyr, agat och alla färgor
Af marmor och juvel, att mura in
De handels furstars 34) ben? Den fallna daggen
Som glittrande mot skymnings stjernors ljus
Uppfriskar torf som höljer dessa döda,
J, hvilkas namn är Sångmöns minnesvård!
Med fot, långt mera vördnadsfull skall trampas,
Än denna prakt af sten, på Furstlig hjessa lagd.

LXI.

Mer fins för ögats och för hjertats lust,
I Arnos dôm, mest furstligt konstens Tempel.
Skulptur och regnbåg's systern täfla der,
Och flere under — men ej mig de fägna,
Hvars tanke vanan heldre sammanväft
Med skön natur, på öppna fälten skådad,
Än konst i galleri, fast Gudaverk
Mitt sinnes hyllning fordra; dock det mindre
Kan yttra än det känt; ty vapnet som det för,

LXII.

Är af en annan malm. Jag vandrar fram
Vid Thrasimenes insjö, och vid Passet
Mer hemmastadd, der Romersk djerfhet föll,
Ty der Cartaginensens kloka krigskonst
I minnet återförs: hur Romarns här
Han lockar mellan berg och strand; och modet
Ej härdar ut, då hopp om räddning flyr,
Och blodet bäckarna till floder sväller,
Som ryka genom fält af legioner strödt.

LXIII.

Som då en skog, af bergens vindar fälls,
Så striden stormade på denna dagen;
Så, raseri hvar kämpe gjorde blind
För annat allt än slaktning, att ett jordskalf 35)
Blef under stridens bana obemärkt;
Och ingen såg, för foten fältet gunga
Och öppna vidsträckt graf för hvem som låg,
På skölden utsträckt, utan annan svepning.
Så hatet döfvar allt i strid af folk mot folk.

(143)

LXIV.

För dem var jorden lik en gungad båt,
Som dem till evigheten bar. De sågo
Omkring sig hafvet; men ej hade tid
Att märka rullningen. Sin lag naturen
Upphäft' hos dem; ej röntes allmän skräck,
Som rår, då bergen skälfva, fåglars skara
I molnen söker tillflykt, öfverger
Dess nästen som från träden kastas: hjordar raggla
Med vrål på rörlig mark: ej menskoskräck har ord.

LXV.

Helt annan syn är Thrasimene nu;
Dess sjö en silfverduk, dess fält ej rubbadt
Af annan härjning än af plogen, mild;
De gamla träden lika tätt sig resa,
Som döda strötts, der nu är deras rot;
Dock tog en bäck, till våg och stränder ringa,
Ett blodigt namn från stridens regn af blod;
Och Sanguinetto säger hvar de döda
Befuktat marken, gjort ovillig bölja röd.

LXVI.

Men du, Clitumnus! 36) ljufvast är din våg,
Mest lefvande kristall som nånsin flutit,
FlodNymfens hemvist, der hon ser, och tvår
Ohöljda lemmar! Gräsbetäckta stränder
Du höjer skönt; der betar mjölkhvit tjur,
Ofläckad Gud af dessa sköna vatten!
Till anblick, mest af strömmar lugn och klar,
Helt visst din våg af slaktning aldrig sölats.
En spegel och ett bad för skönhets yngsta barn.

LXVII.

Ännu ett Tempel på din sälla strand,
Af lätt och liten byggnad, ger åt tiden,
På milda sluttningen af grönskad höjd,
Ett minne utaf dig. Nedom det, flyter
Så lugnt ditt strömdrag. Dädan spritter högt
Försedd med fenor och med fjäll som glittra,
Den fisk som kringfar i ditt djup af glas;
Måhända, bruten vattenlilja speglas,
Der vågen mera grund, framporlar åldrig sägn.

LXVIII.

Välsignas må skyddsanden för din bygd.
Om mera ljuft emot oss västan fläcktar,
Det är hans verk; om talande oss rör
Mer liflig grönska spridd på vattnens bräddar,
Om ställets friskhet stänker på din själ
Behaglig svalka, och från torra dammet
Af tröttadt lif, en stund det sköljer rent, —
Naturens dop — till honom bör du sända
Din hymn af tacksamhet, för uppskof i ditt qval.

LXIX.

Hör forsens djupa dån! Från tvärbrant höjd,
Velino klyft af vågen sliten bergvägg.
Se vattnens fall! der snabbt som ljusets fart,
Klar, skummig massa afgrundsdjupet skakar,
I vattnens helvete, med tjut och brus
Och sjuder i oändlig marter, medan dunsten
Deraf, i dödskamp stiger, prässad ut
Ifrån dess Phlegeton mot svarta klippan,
Som kringstår detta djup, i fasa ömkanslös

LXX.

Den stiger högt mot skyn, och faller ned
I oupphörlig skur som kring sig gjuter
Från aldrig tömda moln, med milda regn,
En evig vår, och markens yta kläder
I lysande smaragd. Hur stort det djup
Der vattnets-jättemassa fram sig kastar
Från brott till brott af berg, med yrans fart,
Och bräcker klippor, hvilka nedåt ryckta
I våldsam härjnings spår, ha öppnat rysligt gap

LXXI.

Åt vid colonn som vältras ned, mer lik,
Till nyfödt haf, ett hastigt öppnadt ursprung,
Ur bergets brustna barm, i födsloqval
Af en ny verld, än hvad den är och endast
De strömmars Fader, som med svalligt lopp
I dalen kröka fram. Se dig tillbaka;
Se hvar den kommer, likt en evighet,
Liksom att sopa bort allt i sin framfart,
Förtjusande med skräck, ej liknadt vattenfall! 17)

LXXII.

Förfärligt skönt; men ifrån brädd till brädd,
I sken af morgonsolens klara strålar,
En Iris hvälfs på afgrunds vågens 38) ras,
Som hoppet på en dödsbädd. Ej fördunklas
Dess färgor, medan allt omkring förnötts
Af vattnens vilda fart. Den stilla bågen
Bär oförändrad, sina strålars glans,
Och synes mellan dessa marters anblick,
Som kärlek alltid skön, för dårskap ställd till vakt.

10

(146)

LXXIII.

Jag åter går på skogväxt Apennin,
Ett barn af Alpen, som ifall dess fader
Den mäktigare, jag förut ej sett, —
Der gran på högre branter står, och dundret
Hörs af lavin — jag hade dyrkat mer.
Men jag sett jungfrun resa högt mot himlar
Sin ej beträdda snö; jag sett Glaciern
Af blek Mont Blanc, och sett den när och fjerran,
Och i Chimari hört bergåskan fruktansvärd, —

LXXIV.

Acroceraunisk bergrand, åldrigt namn; —
Och på Parnassus örnars flygt beskådat,
Likt ställets andar, som af ärans drift
Till outsäglig höjd i täflan svingat.
Jag Ida skådat med Trojanens blick;
Olympus, Athos, Ætna, Atlas gjorde
Att Apennin af mindre rang mig synts;
Soract allena saknar ej den snötopp,
Som Romersk, lyrisk Skald, det öfriga har skänkt

LXXV.

Åt vår åminnelse. Ifrån ett fält
Det höjs som långslutt våg, i höjd att brytas,
Men stadnad, der hon kröks: Förgäfves ej
Må hvem som vill, uppgräfva sina minnen,
Upprepa, klassiskt hänryckt: väcka upp
Med Latiens echo, klippan; jag har afskytt
För högt, att lära in, för Skaldens skuld
En tråkig läxa, ord för ord intrugad 39)
I frånvändt sinnes lek, och föra fram förnöjd

LXXVI.

Hvad återkallar daglig usel drägg,
Som gjorde minnet sjukt; och fastän tiden
Mig fört att öfverväga hvad jag lärt,
Dock så, en fast förhärdelse mig fattat,
Med unga tankarnas otålighet,
Då deras friska kraft förut var afnött,
Att sinnet njöt ej hvad det hade sökt
Om valet varit fritt. Det ej kan botas.
Hvad jag fann afskyvärdt, jag afskyr lika högt.

LXXVII.

Farväl, Horatius, som jag hatat så,
Ej för ditt fel, men mitt. Det är olyckligt
Att väl förstå, ej känna lyrans slag,
Och att din vers begripa, aldrig älska;
Fast Moralist mer djup, för oss ej tydt
Vårt ringa lif, ej Skald sin konst oss yppat,
Ej Satirist mer qvick vårt samvet väckt
Och träffat; men ej rörda hjertat sårat;
Farväl — vi skiljas dock uppå Soractes rygg.

LXXVIII.

Ack, Rom! mitt hemland! själens egen stad!
Till dig sig hjertats faderlöse vända,
Dig enslig moder af försvunnen makt!
Och mäta ringa qval i trånga hjertan.
Hvad är vårt lidande? O! kom och se
Cypresser, ugglan hör; dig vägen bana
På grusad sten af Thron och Tempel. J!
Hvars dödsångst för en dag är blott att lida,
En verld är för vår fot, så bräcklig som vårt stoft.

10*

LXXIX.

Nationers Niobé! hur hemsk hon står,
Beröfvad thron och barn i mållöst marter;
Se, i dess vissna hand, en urna tom,
Hvars helga stoft förskingrats längesedan.
Ej Scipios graf hans aska famnar mer; 40)
Och icke mer bebos de höga vårdar,
Af hjeltar, som de tillhört. Flyter du,
O, gamle Tiber! genom marmor öknen;
Stig med din gula våg, bemantla denna nöd!

LXXX.

Göth, Kristen, tid och krig och flod och eld,
Ha lekt på klippor sju, din stad af högmod;
Hon, stjerna efter stjerna slockna såg;
Uppåt den brant barbarers kungar ridit,
Der segrens char till Capitolium for.
Men torn och tempel fallit; blott fins qvar
Ruiners Chaos. Hvem skall spåren reda,
På dunklad lemning kasta månskens dag,
Och säga: "här det var, det är," i dubblad natt?

LXXXI.

Ja dubbel natt af åldrar och af dig,
Okunnighet, du nattens dotter, höljde
Allt kring oss. Vi blott känna villans väg.
Sitt kort har Ocean; sin glob har stjernan;
Och kunskap har dem spridda på sin duk.
Men Rom är som en ödemark, der tjuren
På minnen snubblar. Nu med klappad hand,
Vi ropa: "se Eureka." 41) Klart det vore,
Om ej utaf ruin, en villobild stod när.

(149)

LXXXII.

Men ack! den höga staden — sorgligt ack!
Trehundrade triumfer! 42) och den dagen,
Då Brutus vann med dolken större frägd
Än landseröfrare med svärdet vunnit!
O Tullius, din röst! Virgil din sång!
Och Livius, ditt blad som lifligt målar! —
Men Rom står upp i Eder; annat allt
Är fall. Ty värr för jorden! mer ej skådas
Den glans i hennes blick, som gafs, då Rom var fritt.

LXXXIII.

O Du! hvars vagn geck fram på lyckans hjul,
Du segerrike Sylla! 43) af ditt hemland,
Du fienden slog. Hvad brutet var mot dig.
Du först i hvilan kände; hämd föråldrad
Ej tog, förr'n dina örnar sträckt sin flygt
Utöfver Asiens fall — Din vredes blickar
Tillintetgjort Senater — Romersk själ,
Med alla dina laster; ty du nedlagt
Med mild försonings blick, en mer än mensklig makt,

LXXXIV.

Dictators krapsen. — Kunde du väl spå,
Till hvilket djup, en dag, den skulle falla,
Som dig odödlig gjort? — att annan hand
Än Romersk, skulle Rom så lågt försänka?
Rom, som var nämd den eviga, som blott
Sig väpnat till eröfring, hon som sträckte
Sin skugga öfver jorden, örnens flygt
Så långt, tills himla rymd för vingen saknats —
O Rom! som helsad var allsmäktig på vår jord!

LXXXV.

Af segrare var Sylla. främst; men vår
Den visaste våldskräktarn, denne Cromvell
Ock störtade Senater, ja en thron
Till stupstock högg — odödlige rebellen!
Hvad brott det kräfs, en stund att vara fri,
Och rycktbar genom åldrarna! men nedom
Hans lycka, lurar återgäldnings lag.
Se blott hans dubbla seger och dess utgång.
Han tvenne riken vann, mer lycklig dock att dö.

LXXXVI.

Den tredje dag af månaden, 44) som förr
Gjort allt, blott icke honom krönt; den dagen,
Har från sin våldsthron, sakta honom fört,
Och lagt hans mull i äldre mull att hvila.
Då röjde lyckan, huru rykte, makt
Och hvad vi ljufvast anse, och att vinna,
På branta vägar själens kraft förnött,
Är, i dess öga, mindre sällt än grafven.
Om likaså i vårt, hur olik blef vår dom! 45)

LXXXVII.

Du bild förfärlig, som ännu är till,
I naket majestät och skepnans alfvar —
Du skådat, under sorl af mördar hop,
Vid fot af blodet badad, Cæsar utsträckt,
Sig svepande i manteln, värdigt död,
Ett offer på ditt altar lagdt af makten
Som Gud och man beherskar, Nemesis.
Du likså föll, Pompé! — Månn' segerhjeltar
Mot kungar utan tal, män dockor i ett spel?

LXXXVIII.

Och du, Roms amma, rörd af dundrets vigg,
Varginna, 46) kopparbildad, du hvars spenar,
Än segrens mjölk, åt barnen, synas ge,
Der, som ett åldrigt monument af konsten,
Du stod: — o, moder till den hjeltekraft,
Som store grundarn sög utur ditt sköte —
Med etherns eld, Roms Jupiter dig svedt
Och svärtat lemmarne med blixt — är vården
Om de odödliga du ammat, redan glömd?

LXXXIX.

O, nej! men dina dibarn alla dödt,
De män af jern; och verlden reste städer,
Af deras grafvar, menskor göto blod
I härmning af hvad deras häpnad väckte;
De stridde, vunno, följde samma lopp,
Med apors afstånd. Men ännu har ingen,
Och ingen kunnat ualkas samma makt —
Blott en fåfänglig, än ej sänkt i grafven,
Sin ofärds orsak sjelf, af egna slafvar, slaf.

XC.

Af falska väldet dårad och ett slags
Oäkta Cæsar, följande den äldre
Med icke lika steg; ty Romarns hug
I mindre jordisk form, sågs vara gjuten;
Med starkare passion, omdömet kallt,
Instinkt odödlig, som ersatte rikligt
All svaghet af ett hjerta, mildt men starkt, —
Nu syntes han lik Hercules med sländan
Vid Cleopatras fot — nu stor i egen glans. 47)

XCI.

,Han kom, han såg och segrade. Men den,
Som skulle qväst hans örnar, lärt dem flyga,
Som tämda falkar uti Galliens led,
I sanning han sin här till segren förde,
Med hjerta döft, som aldrig hört sig sjelft;
Och icke likt en vanlig menska skapad,
Med blott en enda svaghet, men den stor —
Behagsjuk ärelystnad — dock han syftat —.
Till hvad? kan sjelf han ge, på denna frågan svar?

XCII.

Allt eller intet vill han bli; och ej
På döden som tillintetgör, vill vänta.
Få år, och han Cæsarers ära hann,
På dem vi trampa här. För den, han reste
Åt sig triumfens port; för den han göt,
En fortsatt ström af jordens blod och tårar?
En allmän syndaflod, der ingen ark
För räddning finns, och ebben följs af floden.
Förnya bågen, Gud! till mensklighetens tröst!

XCIII.

Hvad hemtas kan af menskans öde själ?
Med hennes trånga sinnen, svagt förståndet,
Och lifvet kort, och sanning djupt försänkt,
Och allting vägdt på vanans falska vågskål,
I opinionens allmakts tvång, som sträckt
Kring jorden mörkrets flor, tills ändtlig
Rätt, orätt dömts af slump; och mannen blek,
Förfäras att hans mening uppenbaras,
Att tanken fri, är brott, och jordens ljus för klart.

XCIV.

De tråka så i lättjans uselhet
Och ruttna, far till son, till ålder, ålder,
Af trampade naturen stolte, dö
Och lemna dock ett arf i faseriet
Åt nya födda slafvars ätt, som gå
I vapen för sitt ok, mot frihet strida,
Och likt gladiatorn blöda: kämpa än
På samma fält, der deras bröder föllo,
Som löf från samma träd, i fallet följas åt.

XCV.

Jag talar ej om folkens tro; den står
Emellan Gud och dem — men ting tillåtna,
Besannade och sedda, dag och stund.
Det ok, på våra skuldror, dubbelt lades,
Och afsigt, ej af tyranniet dold,
Och lag af jordens herrar, apor blefna
Af den som störtat högmod från sin höjd,
Och det på thronen väckte från sin dvala —
Hur ärofull, om ej hans starka arm gjort mer!

XCVI.

Kan då tyrann blott störtas af tyrann?
Kan frihet ej en son, en kämpe finna,
Lik den, Columbia fann, då hon steg upp,
Som Pallas föddes, väpnad, obefläckad?
Kan sådan själ blott födas i en vild
Ofruktsam skog, vid vattenfallens dunder,
Der fostrande naturen log så huld
Åt barnet Washington? och äger jorden
Ej mer ett sådant frö, Europ ej sådan strand?

XCVII.

Af blodet, Fransman drucken, spydde brott,
Och olycksfull dess saturnal är vorden
För frihets sak i hvarje tid och land;
Ty mordets dagar, dem vi sett, och maktens
Och ärans låga törst, ha rest en mur
Af diamant mot menniskans förhoppning.
Och sedd tillslut, den låga segerfest,
Till evig träldom skenbar orsak lånat,
Och plockat lifvets träd, till menskans andra fall.

XCVIII.

Din fana frihet, sliten svajar dock,
Och far mot vindens lopp, som dunderstormen.
Och din trumpetröst, fastän bräckt och dåf,
Är dock den högsta, stormen efterlemnat.
Ditt träd sin blomning mistat och dess bark
Af yxan skafven, rå och ringa synes;
Men safven finns, och frö't är icke dödt,
Djupt sådt, och äfven uti nordens sköte;
Så skall en bättre vår ge mindre bitter frukt.

XCIX.

Der står från fordna dar ett rundadt torn, 44)
Med förmur utaf sten, fast som en fästning,
Och, som en här kan hejda i sitt lopp,
Med halfva dess försvarsverk ställdt allena,
Beväxt med murgrön från tvåtusen år,
En evighetens krans, der löfven gunga
Och hölja allt hvad tidens hand förstört.
Hvad var det starka tornet? och i hvalfven,
Hvad skatt förvaras der, så dold? En qvinnas graf.

C.

Hvem var då hon, som står bland döda främst,
I slott begrafven? Var hon kysk och fager,
Värd Kunglig, eller mer — värd Romersk bädd?
Har höfdingars och hjeltars ätt hon burit?
Hvad dotter ärfde hennes skönhets glans?
Hur har hon lefvat, älskat, dödt? Så hedrad,
Och ställd liksom till allmän vördnads mål,
Der ringa lemningar ej våga multna,
Ställd att förkunna mer, än hvad är dödligs lott?

CI.

Var hon af dem som älskat sina män?
Af dem, som älskat andras? Slika funnits,
Så säger Romas häfd, från äldsta dar.
Var hon matrona med Cornelias anblick?
Egyptens Drottning lik i lätt behag?
Med nöjen slösande, mot nöjet väpnad
Af åldrig, medfödd dygd? och hade hon
På hjertats ljufhet hvilat, eller kärlek
Från sina sorger stängt? ty kärlek sjelf är sorg.

CII.

Måhända dog hon ung, måske förtryckt
Af vida tyngre qval, än tunga grafven
Som hvilar på ett älskvärdt stoft; har moln
Omkring dess skönhet hopats, och ett mörker
Kring svarta ögat, domens förebud
Af Gud åt dem han älskar: döden tidig?
Här Solgångs fägring gjutits klar och tändts,
Med hectiskt ljus, den dödas aftonstjerna,
Och rodnad på dess kind likt höstens vissna löf?

CIII.

Måske hon dödt föråldrad, öfverleft
Allt, fägring, slägt och barn; och långa håret,
Nu silfvergrått, i tanken kunde än
Ett minne af de dagar återföra,
Då nyss det flätats, hon i klädnans prakt,
Och skepnans, afund, pris och undran vunnit
I Rom. Men hvart vill gissning irra sig?
Så mycket vetas kan. Metellas make so)
Var rikast uti Rom. Se kärleks — högmods verk!

CIV.

Jag vet ej hvarför, stående vid dig,
Mig syns, den dig bebor, liksom jag kände,
O graf! och fordna dagar träda fram
Med återkalladt samljud, fastän tonen
Förändrad är och hög, som molnets suck
Af åskan, döende på fjerran vinden.
På sten af murgrön skyld, jag sitta kan
Till dess jag lånat kropp åt värmda sinnet,
Form af ej sjunket vrak, ruinens återstod.

CV.

Af plankor, kastade på klippor vidt,
Må jag en liten båt af hopp mig bygga,
Att kämpa mot det vida haf, mot kast
Af högljudd bränning, oupphörligt dunder
Af våg, som rasar fram mot enslig strand,
Der allt är sjunket, som var evigt älskadt.
Men kunde jag från strand af våg förnött,
Nog samla för min båt, hvart skall jag styra?
Mig bjuds ej hem, ej hopp, ej lif — blott hvad finns här.

CVI.

Låt vinden tjuta då!- Dess harmoni
Skall bli min älskade musik, och natten
Skall ljudet blanda bort med Ugglans skrän,
Liksom jag hör det nu, vid ljusets skymning
Utöfver mörkrets fågels födslonejd,
Från Palatinska berget gällt besvaradt,
Och ser dess ögon, blänkande i glöd,
Och vingar seglande. På grund så helig,
Hvad är vår ringa sorg? — jag vill ej nämna min.

CVII.

Cypress och murgrön, vide, gul violett
I massor flätade, och kullar höjda
På fordna hus, bräckt båge, strödd colonn
I stycken, fyllda hvalf, *al fresco* nedgräfdt
I underjordisk fukt, der Uggla glor,
Som vore midnatt: — Tempel, badhus, salar:
- Det skilje hvem som kan. Hvad lärdom röjt
I forskning, är att murar der ha funnits.
Det kejserliga berg! — så faller jordisk makt.

CVIII.

Se här är läran af all mensklig häfd, 51).
Den samma nu, som den af ålder varit:
Först frihet, ära se'n — och saknas den,
Med rikdom, last, förderf — sist barbariet.
Historien med dess mängd af digra band,
Har blott ett blad — det bättre här är tecknadt,
Der yppigt tyranni så sammanfört
Af skatter, vällust, allt hvad öga, öra,
Själ, hjerta, tunga kräft — nog ord — gå fram och se.

CIX.

Beundra, lyfts — förakta — le och gråt —
Här finns, för hvarje känsla, ämnen — menska!
Du pendel, kastas mellan smil och gråt —
På denna fläck, se makt och åldrar hopas,
På detta berg, med plan utplånad, se,
En pyramid af höjden hunna välden,
Af ärans leksak, strålig på dess topp,
Som skänker solens strålar ökad låga!
Hvad äro gyldne tak, de som dem bygga djerfts?

CX.

Ej Tullius vältalig var, som du,
Kolonn förutan namn, med fot begrafven!
Hvad var på Cæsarshjessor, lagrens krans?
Krön mig med murgrön, från palatset hämtad,
Hvars hvalf och pelare mig möta här,
Af Titus? af Trajan? Nej — det är Tidens:
Triumfport, hvalf, kolonn, han flyttar allt
Och kastar. Apostolisk bildstod reses 52)
På krossad kejsargraf, der stoftet äradt såf.

CXI.

I luft begrafne, mörkblå luft af Rom,
Och seende åt stjernor: desse hyste
En ande som i dem en hembygd fann,
Den sista ande, som kring verlden herrskat,
Roms verld; ty sedan, ingen uppehöll
Dess makt, allt återgafs: men han var mera
Än Alexander: han ej fläckad blef
Med husligt blod och vin; han okränkt burit
Sin kungadygd — Trajan! vi dyrke än ditt namn. 53)

CXII.

Hvar är Triumfens berg, den höga plats,
Der Rom dess hjeltar famnat? hvar den branten,
Tarpejas nämd, mål för förrädarns lopp,
Den tvära bergsudd, der eröfrarns luftsprång
Var envålds bot? Har segrarn hopat här
Allt krigsrof? Ja; och nedanför på fältet,
Är tusenårig tvedrägt sänkt i sömn —
I forum, der odödligt tal än glöder,
Vältalig luft är tänd, och andas Cicero!

CXIII.

Du fält af frihet, tvedrägt, rykte, blod?
Här götos ut det stolta folks passioner,
Från första timman, kejsardömets knopp,
Till den, då för eröfring, verldar feltes.
Men frihets anlet mörknat långt förut,
Och anarki lagt an sin bistra klädnad;
Tills hvar soldat som laglös, anfall gör,
Förtrampar skrämd Senat af stumma slafvar;
Och väcker lättköpt röst ur folkets lägsta dy.

CXIV.

Vi vände till den sista Roms Tribun,
Från hennes tiotusende tyranner.
Till dig försonaren af seklers blygd —
Petrarkas vän, Italiens förhoppning —
Rienzi, 54) sist af Romare! Så långt
Som finns ett löf på vissna frihets trädet,
Det bindas må till krans uppå din graf —
Du forums man, anföraren för folket
En nyfödd Numa, du — med väde, ack! för korrt.

CXV.

Egeria! ss) af ett hjerta skapt du blef,
Som icke fann ett hemligt skygd för hvilan,
Ljuft som ditt ideal, ehvad du är,
·Ehvad du var, ung luftens morgonrodnad,
En dikt af nymfoleptiskt raseri,
Måhända ock en dyrkad jordisk skönhet,
Som fann en mer än vanlig dyrkare
För högt betagen; hvad din börd må vara,
Du var en tanke skön; ljuf verklighet dig gafs.

CXVI.

Än måssan kring din källa, är bestänkt
Af Elyseiska vattnen; fager anblick
I grottan skyld och källsprång, ej af år,
Förändradt, ställets genius speglar. Grönskan
Omkring din vilda brädd, ej konstens verk
Utrota mer; i sömn ej vattnet hvilar,
I marmor stängt; det ·bubblar fram ur fot
Af bräckt Staty, och öfver brädden flödar,
Och flyr bland blomsters mängd, ormbunkar, murgröns löf.

CXVII.

Fantastiskt blandade, de gröna berg.
Med blomster tidigt klädas; genom gräset,
Hörs klarögd ödla rassla. Foglars näbb
Välkomnar dig i sommarn, då du nalkas;
Och friska blommors mängd, i färgors prakt
Vill hejda dina steg, och brokigt svänga,
I milda vädrens fläckt sin elfvedans.
Den låga violettens mörkblå öga,
Af himlens anda kyst, syns färjad af dess sky.

CXVIII.

Här lefde du, i detta tjusta skjul,
Egeria! Här slog odödligt hjerta
Vid älskad dödligs ännu fjerran steg.
Mörk purprad midnatt skylde hemligt möte,
Med rikt bestjernadt hvalf, och då du satt
Invid din tjuste dyrkare, hvad hände?
Den grottan visst för helsningen var skapt
Af kärleksfull Gudinna; inre cellen
Af kärlekshelgd bebodd, det första Gudasvar!

CXIX.

Och blandade du ej med bröst mot bröst,
Ett himmelskt hjerta med ett dödligt hjerta,
Och gaf ej kärlek som i födslen dör,
Med suck, odödlig tjusning? kunde makten
Hos dig ej ge odödlighet, ej ge
Din himmels renhet åt en jordisk glädje?
Fördrifva gift, förslöa dolkens udd
Af mätthetsledsnaden, som allt förderfvar,
Och ogräs, qväfvande, från själen rota ut?

CXX.

Ty värr! ung böjelse åt öcknen drifs,
Och vattnar ödslig hed, af hvilken uppstår
I öfverflöd, ett ogräs mörkt och vildt,
I kärnan härskt, förledande för ögat,
Och blommor hvilkas lukt är dödens qval,
Trän hvilkas kåda gift; och slika plantor
Gro i passionens spår, vid det hon flyr,
På verldens ödemark, med fåfäng flämtan
För någon himmelsk frukt, förvägrad vårt behof.

11

CXXI.

O kärlek, Du på jorden icke bor —
Osedd Seraf, på dig vår tro vi fästa,
Tro, hvars martyr det brustna hjertat är.
Din form ej ohöljdt öga nånsin skådat
Och ej skall skåda, som den vara bör.
Dig hugen skapat, som den blef befolkad
Af egen lust och egen fantasi,
Den tanken sådan bild och skepnad gifvit,
Som följer själ ej släckt — men torr — orättad — trött.

CXXII.

Af egen skönhet själen sjuknad är
Och febern skapar, men ej sannt: — hvar äro
De former som bildhuggarns själ har tänkt?
I honom endast. Har natur slik skönhet?
Hvar äro fägring, dygd, som menskan djerfs
I barndom tro, i mannaåren söka,
Till vår förtviflan, onådt paradis.
Der öfverdrifves penselns, pennans bildning,
Och trycker ned det blad, der skönhet blomstra skall.

CXXIII.

Hvem älskar, rasar — ungdoms yra — men
Än värre bot — när tjusningen försvinner,
Som klädt Idoler; då vi se för klart,
Att värde, skönhet blott i tanken funnits,
Dess ideal. Ett trollord binder dock
Oss lika fast och medför obehindradt,
Med hämtad hvirfvelvind från vanlig storm.
Sin alchemi då envist hjerta börjat,
Det tror sig priset när och rikast vid sitt fall.

CXXIV.

Vi vissna från vår ungdom, flämta bort —
Djupt sjuka, hjelpen osedd — törsten osläckt;
Fast än till slutet, under vårt förfall,
En skuggbild lurar, lik hvad först vi sökte —
Men allt försent — så dubbladt är vårt ve.
Och kärlek, ärelystnad, snålhet — lika
Fåfängligt, ondt, men intet värrst —
Ty allt är meteorer, olikt nämnda;
Vår död, den svarta rök, der lågan slocknar ut.

CXXV.

Få — ingen — fann hvad älskas — älskas kan,
Fast händelser, blindt möta och den starka c
Nödvändighet att älska, jagat bort
Antipati — blott snart att återvända,
Förgiftad af ohjelplig oförrätt;
Omständighet, den andelösa guddom,
Misskaparn, uppgör då, och skjuter fram
Vår framtids qval, med krycka lätt som spö,
Och hoppet slår till stoft, af alla trampadt stoft.

CXXVI.

Vårt lif är falsk natur — det stämmer ej
Med tingens harmoni, — är hårda domen,
Och fläcken, outplånlig fläck af synd,
Ett obegränsadt ondt, förderfvets trädstam
Hvars rot är jorden och hvars gren och löf
Är moln, från dem på jorden regna plågor,
Ohelsa, död och träldom, synligt ve
Och värre, det osynliga som klappar
I själ, obotelig, med hjertqval, ständigt nytt.

11

CXXVII.

Dock dristigt öfvervägom — 56) det är lågt
Att öfverge' förnuftets rätt att tänka,
I alla fall, vår enda sista rätt
Och tillflykt; min åtminstone den blifver.
Fast, från vår födsel, himmelsgåfvan är
I kedjor lagd, i marter sträckt och fängslad,
I mörker fostrad att ej sannings ljus
För själen oberedd, för klart må lysa;
Den vinner dock, ty tid och vettet skingra starr.

CXXVIII.

Hvalf öfver hvalf! Det synes liksom Rom
Församlande i en, sin ätts troféer,
En dôm för all triumf sig hade rest.
Så Coliseum står. Och månen skiner
Liksom dess egen fackla. Ty det ljus
Som strömmar här, Gudomligt måste lysa
Så länge bruten, aldrig uttömd schakt,
För vår betraktelse, och högblått mörker
Utaf Italiens natt, hvars djupa sky tar an

CXXIX.

Färg, som har ord, om himmel talande,
Kring underbara monumentet flyter
Och skuggar fram dess prakt. Åt jordiskt ting,
Som tiden bugtat, blef en ande gifven,
En andes känsla; och hvar tiden lagt
Sin hand, men lian bräckt, en makt der uppstår,
En trollmakt dold i murarnas förfall,
För hvilken nya tidernas palatser
Måst vika i sin stät, tills åldrar helgat dem.

CXXX.

O Tid! Förskönare af hvad är dödt,
Du som ruinen pryder, ensam tröstar,
Och ensam helar blodigt hjertas sår,
Du tid, som rättar tanken, då den irrar,
Du, sannings, kärleks profsten — ensam vis,
Allt annat dömmer falskt. Från hvad du sparat —
Som aldrig minskas, fast det delas ut —
Tid, hämnare af qval! till dig jag lyfter
Mitt hjerta, öga, hand, och blott en gunst begär.

CXXXI.

Här, i förstörelsen, du altar rest
Och Tempel, i sin hemskhet, mer gudomligt;
Bland större gifna offer, mottag mitt
Ruin af år, få, men af öde fyllda.
Om du af högmod lyft mig nånsin fann;
Då, hör mig ej; men om jag lugn, har burit
Allt godt, och spart mitt högmod åt det hat,
Som ej mig kufvar, låt mig ej ha slitit
Förgäfves själens jern till fiendernas harm.

CXXXII.

Och du som aldrig än, mot menskligt brott,
Glömt vågskåln fylla, Nemesis! du stora, 57)
Åt hvilken, långlig forntid dyrkan gaf —
Du som från afgrund plågoandar kallat,
Och kring Orestes vråla dem befallt,
För onaturlig återgäldning — rättvis,
Om den ej utförts af så närskyld hand.
Här i ditt fordna rike, jag dig kallar!
Hör du ej hjertats röst? Du vakna bör och skall.

CXXXIII.

Ej nekas må, att jag kan ha förtjent
Med fäders och med egna fel, det såret
Som hos mig blöder; om det hade getts
Med rätta vapnet, det ej bordt förbindas.
I jorden skall mitt blod ej sjunka nu.
Jag helgar det åt dig att du må kräfva
En hämd som sökas och som finnas skall;
Om jag den sjelf ej tog — det var af orsak —
Men lemnom det — i sömn jag sänks; du vaka skall.

CXXXIV.

Och bryter ut min röst, är ej att nu,
Jag ryser för hvad lidet är. Den tale,
Som sett förfall i mina anletsdrag,
Och skakningen mitt sinne mattadt lemna.
I detta blad ett minne söker jag;
Och dessa ord i luft ej skola skingras;
Fast jag blir aska; stunden komma skall,
Då djup profetisk fullhet af mitt qväde,
På menskor kasta skall bergshöjden af mitt ve!

CXXXV.

Mitt ve skall bli förlåtelse — har jag —
Hör, moderliga jord! och se det, himmel! —
Har jag ej haft att kämpa med min lott?
Har jag ej stora qval haft att förlåta?
Blef ej mitt hjerta slitet, hjernan svedd,
Hopp bräckt, namn svärtadt, lifvets lif bortljuget?
Och derför blott, ej till förtviflan bragt,
Att jag af samma dy ej varit danad,
Som ruttnar i de bröst, dem jag från ofvan ser.

CXXXVI.

Från stora brott, till smått förräderi;
Har jag ej sett hvad menskans ondska mäktar .
Från höga rop af fraggande förtal,
Till dåfva hviskningar af några usla,
Och fina giftet af reptilers hop,
Med Janus blick, betydningsfulla ögat,
Som lär att ljuga tyst och synas sann,
Och endast genom axlars lyftning, falska suckar
Utdela stumt förtal åt dårars glada hop?

CXXXVII.

Men jag har lefvat, och förgäfves ej.
Min själ må styrkan mista, blodet elden,
Min kropp förgås i segren mot dess qval,
Inom mig fins dock hvad till slut skall trötta
Tid, marter; andas då jag är ej mer;
Och något öfverjordiskt; som ej dömmes,
Likt minnet af förstummad lyras ton,
På sinnen mildrade skall sänkas, väcka
Sen kärleks samvetsqval i hjertan, nu af sten.

CXXXVIII.

Inseglet tryckts. — Välkommen fruktad makt,
Fast utan namn, alsmäktig, du som vandrar
Här under skuggan utaf midnatts tid,
Och följs af fasa, skild från vanlig fruktan;
Ditt hemvist är, der döda murar stå,
Bemantlade med murgrön, helig anblick
Som drar från dig en känsla djup och klar,
Hvarmed vi blifva del af det, som varit,
Se allt på denna fläck; men sjelfve icke ses.

CXXXIX.

Här hördes fordom fikna folkens gny,
I sorl af ömkan eller bifalls dånet,
Då *man* var dödad af hans like, *man;*
Och hvarför dödad? Jo blott af den orsak,
Att sådan lag på blodig Circus gällt,
Och kejserliga nöjet. — Hvarför icke?
Är det ej lika, hvar, till maskars gagn,
Vi dö på stridsfällt eller fäktarbana?
Allt skådeplatser, der den spelande förgås.

CXL.

Jag här framför mig, ser Gladiatorn 58) sträckt,
På handen stödd — Hans mannablick ej vägrar
Att dö; han stolt, besegrar dödens qval,
Och mer och mer, hans fällda hjessa sjunker.
Nu från hans sida flyter minskadt blod,
Ur röda sårets gap, i tunga droppar,
Likt dem som först af åskmoln gjutas. Nu
Arenan svindlar för hans syn. Han slocknar,
Vid grymma rop, till pris för uslingen som vann.

CXLI.

Han hörde det, men gaf ej akt — hans blick
Med hjertat var, och det, från stället fjerran;
Han sörjde ej sitt lif, ej segrens lön;
Men der hans råa tjäll låg vid Danuben,
Der voro små barbarer gladt i lek,
Och Dacisk moder. — Denne deras fader 59)
Här för en Romersk högtid slagtad dör;
Allt detta rann med blodet. Skall ohämnad
Han dö? — J Göther! upp, att mätta rättvis harm?

CXLII.

Men här, der mordet andats blodig dunst
Der bullrande nationer trängts på vägen
Och sorlat, brusat liksom bergets flod
Som klippan slår och våldsam loppet kröker,
Der Romares million med pris och hån 60)
Afgjorde lif och död, för hopen leksak —
Min röst högt ljuder — stjernor lysa matt,
Tom bana, bräckta säten, böjda murar
Och gångar, der min fot ovanligt echo väckt.

CXLIII.

. Ruin — men hvad ruin! — af massan der,
Palatser, murar, halfva städer bygdes,
Skelett ofantlig dock du går förbi,
Och undrar hvar allt röfvadt kunnat rymmas.
Mån verkligt röfvadt eller rensadt blott?
Ty värr! syns klart, det sorgliga förfallet,
Ju mer du nalkas byggnadens koloss,
Som illa bär den ljusa dagens strålar;
De yppa hvad af tid och menskor är förstördt.

CXLIV.

Men när den fyllda månen styr sitt lopp
På banans högsta brant och der syns hvila,
När stjernan tindrar genom tidens glugg,
Och nattens milda fläckt i luften veftar
Grå murars gröna krans i rörlig skog,
Likt lagren på en skallig Cæsars 61) hjessa,
Då skenet bländar ej, men lyser klart;
I denna trollkrets resa sig de döde:
På mark, der hjeltar trädt, du trampar hjeltars mull.

CXLV.

"Så långt som Colisé'n, skall Roma 62) stå;
"Då Colisé'n är fallen, Rom skall falla;
"Och Roms, är verldens fall." Så från vårt land,
Pilgrimer talt på dessa starka murar,
Från Sachsars tid, som vi af vana nämt
Den gamla; dock stå fast på sina grunder,
Ej rubbade de dödliga tre ting.
Rom och ruin, som ej kan återställas
Och verlden, samma bo för tjufvar och hvad helst.

CXLVI.

Hur enkel, upprätt alfvarsam och hög, —
Skrin för allt heligt, alla Gudars tempel,
Från hedentid till vår, af tiden spard 63)
Till uppsyn lugn, då falla eller luta
Omkring dig hvalf och makt; och menskan går
På törnets väg till askan, Dôm, hur praktfull!
Skall du ej stå? Tyranners, tidens jern,
Allt spillras emot dig, du helga boning
För konst och religion, Roms högmod, Pantheon.

CXLVII.

Relik af ädel tid och konstens höjd!
Afklädd, fullkomlig dock, din cirkel sprider
En helgedom, som alla hjertan rör —
Modell för konst. Åt den, som Rom beträder
För fordna minnen, herrlighet sitt ljus
Ifrån din enda öppning gjuter. Desse
Som dyrka, finna altar för sin bön,
De, som geniet älska, här må hvila
Sin blick på ärad form, i krets af stoder 64) stängd.

CXLVIII.

Der är ett fängsel. I dess hemska ljus, 65)
Hvad ser jag? — intet — ögat åter kasta!
Två bilder svagt beskuggas för min syn.
Två hamnar ensliga, dem hjernan skapat?
Nej, icke så; jag ser dem fullt och klart —
En åldrig man, en qvinna, ung och fager,
Frisk som en moderamma, i hvars bröst,
Allt blod är vordet nectar — men hvad gör hon
Med obemantlad hals och blottadt bröst af snö?

CXLIX.

Fullt sväller rena källan af ungt lif,
Der vi, vid hjertat och från hjertat hemtat
Vår första, ljufsta föda; makan der
Till mor välsignad, i oskyldigt löje,
Ja ock i gråt af läpp som ej fördrar
Ett qval ett dröjsmål, finner dock en glädje,
Ej känd af mannen, då i vaggans vrå,
Hon ser sin lilla knopp för ögat blomstra.
Hvad frukten blir — hvem vet? — ty Evas Cain var.

CL.

Här ungdom föda ger åt ålderdom,
Mjölk af dess egen skänk — åt egen fader,
Och återgäldar skulden af sitt blod,
Med födseln gifvet. Nej, han skall ej slockna,
Så länge dessa sköna ådrors eld
Af helsa och af helig känsla, glöder.
Nil af en stor natur, hvars rika ström
Är högre än Egypts! Från sköna bröstet,
Drick, gamle man! och lef. Har himlen sådan dryck?

CLI.

Den stjernesagan om en mjölkig väg,
Är ej så ren som denna, hvilken bjuder
Konstellation af mera ljufligt sken.
Den heliga naturen högre segrar
I denna sparda hjelp, än i det djup,
Der fjerran verldar gnistra: — helga amma!
Hvar droppe af din ström skall finna väg
Till fadrens hjerta och sitt ursprung fylla,
Med lif, som friad själ i verlden återsmälts.

CLII.

Till *Molen* vänd, som Hadrian reste högt —
Cæsarisk härmning af Egyptens massor,
Colossiskt aftryck af oformlighet —
Hans vandrings fantasi, från fjerran Nilens
Ofantliga modell, tvang konstnärns hand
Att denna stora dôm för jättar bygga —
Graf åt hans usla mull. Hur måste le
Betraktarns blick med filosofiskt löje,
Att se ett företag så stort för sådant mål!

CLIII.

Se! denna dôm — den undransvärda dôm,
Mot den, Dianas under var en koja —
Se Frelsarns tempel på martyrens graf.
Ephesens underverk jag har beskådat,
På hed kolonner strödda, ensligt skydd
För jackal och hyæn i skuggan dolda.
Jag sett Sophias blanka tak, hvars glans
Af solens sken förhöjs; och jag betraktat
Eröfrarn Moslems bön inom dess helgedom.

CLIV.

Men du bland forntids tempel och allt nytt,
Allena står — hvad kan med dig förliknas?
Mest värdig Gud, allt heligt nch allt sannt!
Allt sedan Zions fall, 'då Han försakat
Sin fordna stad, hvad kunde resas upp
Af jordiskt ämne till den högstes ära,
Mer ståtligt för vår anblick? Majestät,
Makt, herrlighet och kraft och skönhet stå,
I denna dyrkans ark i ostörd evighet.

CLV.

Träd in: dess storhet ej förvånar dig.
Hvarför? den är ej minskad; men ditt sinne
Af ställets genius, så utvidgadt blef,
Så kolossaliskt, att du här blott finner
En lagom boning der i helgedom,
Odödlighetens hopp förvaras. Dagen.
Skall gry, då du, om värdig funnen, ser
Gud, anlet emot anlet, som du skådar
Det helgas helgdom nu, ej af hans blick förstörd.

CLVI.

Du träder fram: allt växer för din syn,
Lik den, mot höga alpens spetsar klifver.
Bedragen af gigantisk prakt, du ser
Det stora, än förstoradt men harmoniskt,
Och musikaliskt i oändlighet:
Rik marmor, målning rikare, och altar,
Der gyldne lampor brinna, högrest dôm
Som täflar med den högsta jordens byggnad,
Fast den på jorden står, och denna stöds af skyn.

CLVII.

Du ser ej allt, och måste styckevis
Betrakta delar af det stora hela.
Som Oceanen stora vikar gräft,
Dit ögat leds, så måste här det sinne
Till skilda delar samlas och en bom.
För tanken sättas, tills den hunnit fatta
Vältaliga förhållanden och bart
Afhölja gradvis hvad den gradvis röjer,
Den herrlighet som straxt ej din förundran väckt,

CLVIII.

Ej ställets fel, men ditt. Vårt sinnes kraft
Blott gradvis fatta kan — och som det finnes
Att hvad vi äge af en känsla spänd,
Går öfver matta uttryck, likså detta
Högt skinande och öfversvämmande,
Vår första blick bedårar; störst af stora,
Först trotsar vår naturs småaktighet, 66)
Se'n ökas i sin växt, och så vi vidga
Vårt sinne till en höjd, i bredd med hvad vi se.

CLIX.

Nu stadna, upplyst blif; der finnes mer
Än syn förnöjande i denna skådning,
Af undrarns nöje eller fruktans helgd,
Åt ställets Guddom, dyrkan eller undran
Åt konst och stora mästarn som förmått
Hvad forntid, kunskap, hug ej kunnat tänka.
Här källan af det höga blottar helt
Dess djup; och dädan menskans hug kan draga
Sin guldsand, lära hvad stor tanke mäktig är.

CLX.

Nu vänd till Vaticanen, gå att se
Laocoons qval med värdighet i marter —
En faders kärlek under dödens ångst,
Med en odödligs tålamod förblandad:.
En fåfäng strid mot starkt omvindad orm,
Dess tagna fäste mer och mer fördjupadt,
Den gamles tvång — förgiftad kedjas kraft
Förstelnar lemmars lif — ofantlig drake
Framtvingar qval på qval med ångstens flämt på flämt.

CLXI.

Nu, se den Gud, hvars båge felar ej,
Ja, lifvets, skaldesångens, ljusets guddom, —
I mensklig skepnad innesluten sol,
Och öga strålande af vunnen seger.
Nyss flög hans pil och förde i sin fart,
Hämd från odödlig hand. I detta öga,
I detta anlet, se förakt och kraft
Och majestät; liksom med sken af blixten,
Är Guden uppenbarad i en enda blick.

CLXII.

Men i hans lena form, är kärleks dröm,
Af enslig nymf i tankens värme skapad,
Som längtan efter himmelsk älskare,
Vansinnig gjort. I denna bild är uttryckt
All skönhets ideal, som nånsin tjust
Ett sinne i mest öfverjordisk lyftning,
När hvart begrepp är likt en himmelsk gäst,
En stråle af odödlighet — allt står
Med stjernors glans omkring, och samlas till en Gud!

CLXIII.

Om fordom Promete' från Himlen stal
Den eld, som värmer oss; blef detta uppnådt,
Af den åt hvilken gafs den snillets kraft,
Som så poetisk marmor mäktat forma,
Med evig ära. Om af mensklig hand
Den höggs; det var dock ej af mensklig tanke.
Och tiden sjelf den vördat har, ej strödt
En enda mörknad ring, ej färg af åren.
Den andas samma eld, som först af konstnärn gafs.

CLXIV.

Men denna sångens Pilgrim hvar är han,
Den varelsen som uppehöll dess början?
Mig syns, han länge dröjt och kommer sent —
Han fins ej — dessa andedrag de sista —
Hans färd är all, hans syner torkat fast,
Han sjelf ett intet vorden: — om han varit
Mer än blott fantasi, och räknas bordt
Bland skepnader som lefvat, qvalts — det vare;
Hans skugga bleknat bort, rof åt förstörelsen,

CLXV.

Som samlar skugga, kropp och lif och allt
Hvad menskan ärfver, lagdt i dödens svepning,
Och breder allmänt ut den mörka skrud,
Igenom hvilken allt blir spöken; molnet
Sänks mellan oss och allt som nånsin lyst,
Tills äran sjelf är skymning och blott sprider
En melankolisk ljusring, unnad knappt
Att sväfva öfver mörkrets brädd; en ljusning,
Mer svart än natten sjelf; den öppnar floret blott,

CLXVI.

CLXVI.

Och i en afgrund låter oss se in
Att fatta hvad vi skola bli, när ytan
Blir löst till något ringare ännu
Än usla ämnet: att om rykte drömma
Och dammet hvefta från ett fåfängt namn,
Som mer af oss ej hörs. Men aldrig åter
Ack lycklig tanke! vi det samma bli.
Nog är i sanning att en gång vi burit
Den tyngd, ett hjerta tryckt, som dervid svettats blod.

CLXVII.

Men hör! från afgrunds djupet, går en röst,
Af ljud förfärligt, låg och fjerran susning,
Lik sorgens rop, som höras då ett folk
Utaf ett djupt obotligt sår förblöder.
I storm och mörker gapar remnad jord
Och gapet fylls af skuggor, men den främsta
Än konglig syns, fast hjessan mer ej krönt;
Och blek, men skön, af modersorg betagen
Ett barn hon famnar ömt, som bröstet mer ej når.

CLXVIII.

Du Kungars, Drottars telning! 67) Hvar är du?
Du folkens hopp! Har dödens glaf dig skördat?
O! kunde den ej skona dig, och slå
En mindre majestätisk, älskad hjessa?
I dyster midnatt, hjertat blödde än,
Ett ögnblicks moder! öfver födda pilten. —
Men döden qvalet slöt. Med dig är flydd
En vunnen sällhet och en lofvad glädje,
Som maktens öar fyllt, ja fyllt till öfvermått.

12

CLXIX.

Lätt födas bönders barn. O, kan det tros?
Du som så lycklig var, så allmänt dyrkad!
Af dem ej Kungar sörjde, blef du sörjd,
Och Frihets hjerta, tungt, höll upp att lida
Af andra qval än ett; ty frihet göt,
För dig sin varma bön och på din hjessa
Sin Iris såg. Och du, så ensam nu,
Du sorgbetryckte make! vigd förgäfves,
Blott lycklig för ett år, se'n stoftets man och far!

CLXX.

Af säckväf var din bröllops prydnad gjord
Och festens frukt var aska. Se, i mullen
Är öarnas hårfagra dotter lagd,
Millioners kärlek! Hur vår framtids öden
Vi henne anförtrott! Fast grafvens natt
Förr höljer våra ben, vi hoppfullt dömde
Att våra skulle lyda hennes barn,
Välsignande med hennes ätt, den hulda,
För herdar, stjernans blick — nu blott en meteor.

CLXXI.

Ve oss, ej henne; ljuf är hennes sömn:
En flygtig rök af folkens gunst, och rösten
Af toma rådslag; falska Gudasvar
Från monarkiens födelse, af Furstar
Beständigt hörda, tills de ledsna folk
I raseri sig väpnat, underbara öden
Som störta ock de mägtigste, 68) och lagt
I vågskåln kraftig tyngd mot blinda makten,
En tyngd, snart eller sent allt motstånd krossande,

(179)

CLXXII.

Allt detta hon erfara kunnat — nej;
Det neka våra hjertan. Ung och fager,
God utan möda, utan ovän stor,
Och maka, moder — ack nu sänkt i grafven!
Hur många band. den grymma stunden bröt!
Från fadrens bröst till sista undersåtens,
Elektrisk kedja af förtviflan sträckts,
Hvars kraft var lik en jordstöt, och förtryckte
Det land, dig älskat så, att ingen älskat mest.

CLXXIII.

Se Nemi, 59) mellan skogars höjder stängd,
Så tätt att stormvind, som från roten rycker
Den fasta Eken och framom dess brädd
Högt kastar Oceanens våg och lyfter
Dess skum till skyarna, motvillig spar
Långrundad spegel af din stilla insjö,
Hvars yta, lugn som åldrigt, älskadt hat,
Bär oförändrad, kalla hvilans anblick,
Inom sig sluten, rund, som ormen i sin sömn.

CLXXIV.

Helt när, Albanos knappt åtskilda våg,
Framlyser från en systerdal, och fjerran
Der slingrar Tibern; vida hafvet der
Tvår Latiens kust, der kriget episkt uppstod,
Vapen och mannen, 70) hvilkens stjerna steg
Utöfver Kejsarriket — Ned, åt höger
Sig Tullius hvilade från Rom. Der krets
Af berg omgifvande, begränsar synen,
Sabinska byn var bygd, den trötta skaldens ro.

12*

CLXXV.

Jag glömmer dock — min Pilgrim nått sitt mål.
Vi måste skiljas åt — Det må så vara, —
Hans värf är liksom mitt till slutet när.
Dock kastom än en gång vår blick på hafvet.
Den midlands ocean, oss begge rör.
Från Albaubergets höjd, vi nu beskåda
Vår ungdomsvän, det haf, som när vi sist
Besågo det, vid Calpes klippa häfde
De vågor dem vi följt, tills mörk Euxinen hvälfts

CLXXVI.

Mot blå Symplegades. Och långa år —
Ja långa, fast ej många — sedan verkat
På begge. Några tårar, några qval
Oss lemnat nära der vi först begynte.
Dock ej förgäfves, dödlig bana fyllts —
Vi vunnit vår belöning — det är hädan,
Som än oss fägnad skänks af Solens blick.
Och utaf jord och haf så älskad glädje,
Som funnes menskor ej att grumla hvad är klart.

CLXXVII.

O, att en öcken mig till boning gafs
Med fager tjensteande mig att vårda:
Att jag af hela menskoslägtet glömsk
Och ingen hatande, den kunde älska!
I elementer! hvilkas uppror höjt
Mitt hela lif, är ej i er förmåga
Att mig en sådan skänka? Irrar jag
I tron, att mången vrå ett väsen hyser,
Med det, oss dödlige, att umgås sällan gifs.

CLXXVIII.

Ett nöje fins i obevandrad skog,
En tjusning på den ej besökta stranden;
Ett sällskap, der sig ingen tränger in,
Vid hafvet fins, och välljud i dess brusning.
Jag älskar menskan, dock naturen mer,
Allt från åskådningar, der jag mig afskiljt
Från hvad jag vara må, och varit förr,
Att blandas med det hela och att känna
Hvad ej uttryckas kan, och dock ej döljas helt.

CLXXIX.

Så svalla, djupa, mörkblå Ocean!
Fast tiotusen kölar ytan plöja.
Jord, mannen märker med ruin — hans makt
Vid stranden stadnar. På det våta fältet,
Hvart skeppsbrott är ditt verk, och ej är qvar
En skymt af mensklig sköfling, blott hans egen,
När lik en droppa regn, ett ögonblick,
Han sjunker i ditt djup med suck och bubbling.
Och utan svepning, graf och ringning, okänd dör.

CLXXX.

Ej på din yta går hans väg, — din rymd
Ej är för honom rof — du väldigt stiger
Och skakar honom borrt; den svaga kraft,
Han i förstöring röjer, du föraktar,
Och kastar honom från din famn till skyn
Och darrande, i lek af skummig bölja,
Och tjutande till sina Gudar, för,
Der lyckligt för hans hopp en hamn sig bjuder,
Till jorden återvräkt, hans hvilas rätta bädd.

CLXXXI.

De rustningar som föra dundrets vigg
Mot städers värn af berg, nationer skaka
Och deras herrskare i sina slott —
Ek Leviathan, utaf hvilkas storhet,
Dess skapare, blott stoft, sig gåfvo namn
Af hafvets herrar, skiljesmän af krigen —
För dig allt leksak, lik en flygtig snö;
Den smälts i dina vågors skum som slukar
Armadans stolta prakt och rof från Trafalgar.

CLXXXII.

Din strand af riken — allt förstörts, ej du —
Assyrien, Grekland, Rom, Carthago varit.
Din våg dem sköflade, då frie än;
Se'n mång tyran; och deras stränder lyda
Slaf, fremling eller vild. I sitt förfall,
Till öcknar riken torkats. Ej förändras
Du kan, blott i din vilda böljas lek;
Ej Tiden kan din azurpanna skrynkla;
Som skapelsen dig såg, du svallar än i dag.

CLXXXIII.

Du, herrlig spegel, der sig allmakts form
I stormen röjer, du i alla tider,
Lugn eller häfd af flåckt, af blåst, af storm,
Vid polens is, i torra zonens luftstrek
Mörk svallande; — förutan gräns, och hög,
Är evighetens bild, högtidligt säte
För den Osynlige — ja äfven af ditt slem,
Uppstodo djupets monstrer. Alla zoner
Dig lyda, du far fort, omätlig, fruktansvärd.

CLXXXIV.

Jag har dig älskat, Ocean! min fröld
I ungdoms lekar var att blifva buren
Af dig, lik bubblan framåt. Än en pilt,
Jag med din bränning skämtade; min glädje
Den var, och om en frisknad vind
Den gjorde fruktansvärd, var fruktan ljuflig;
Ty jag af hafvet liksom var ett barn,
Och litade på böljan, när och fjerran,
Och lade handen på din mahn, som jag gör här.

CLXXXV.

Mitt värf är fylldt — och ljudet af min sång
Dör bort uti ett echo; tiden stundat;
Det trollord häfs, som har min dröm förlängt,
Och facklan, som min midnattslampa tände,
Nu slockna skall — det skrifna skrifvet är;
Väl, om af högre värde! Men ej mera
Jag är nu hvad jag varit; själens blick
Ej skönjer mer så klart, och denna lågan
Som värmde sinnet förr, är vorden skum och matt.

CLXXXVI.

Farväl! ord oundvikligt förr och nu —
Ett ljud, för det vi tveka, dock nödvändigt!
J, som vår Pilgrim följt intill den stund,
Som är hans sista, om ert minne gömmer
En tanke som var hans; om hos er höjs
En hugkomst blott deraf; han icke fåfängt
Har nött sandalen, uddig snäcka fört.
Farväl! Hos honom ensam blifve plågan,
Om sådan fins; hos er blott lärdom af hans sång.

SLUT.

Noter till Fjerde Sången.

1) St. 1. Emellan Dogens palats och fängelserna i Venedig, går en mörk bro, eller ett betäckt galleri, högt öfver vattnet, och deladt af en stenmur. Ur fängelset i slottets tjocka murar, fördes den dömde fången fram genom den ena gången, tillbaka genom den andra och stryptes der. Galleriet kallas *Suckarnas bro.*

2) St. 11. Denne liknelsen är af en gammal Författare Se Marc. Ant. Sabelli de Ven. Urb. situ narratio.

3) St. 111. Gondolierernes alternativa sång af Tassos Gerusalemme, har dödt med Venetianska friheten. Texten är mycket förändrad af dessa rå Sångare. Ännu finnas editioner, der den rätta och den förfalskade' texten stå emot hvarandra. Det har funnits Venetianare, som kunnat hela poemet utantill. Förf. träffade en, som kunde 3oo Stanzer.

4) St. iv. Shakespears Othello, m. m.

5) St. x. Då någre fremlingar upphöjde Brasidas minne, gaf hans moder detta svar.

6) St. xi. S:t Marcs lejon, fördt från Venedig till Paris, är åter fördt till sitt ställe; likaså de fyra bronshästarne, som voro ställda på Napoleons triumfport vid Tuilerierna. Desse troddes vara Romerska från Neros tid; men det är upptäckt att de äro Grekiska.

7) St. xii. Kejsar Fredrik Barbarossa, som var bannlyst, feck af Påfven Alexander III, absolution i Venedig, efter många förödmjukelser.

8) Ibid. Då Dandolo valdes till Doge år 1192, var han 85 år gammal. Då han anförde Venetianerne vid Constantinopels intagande, var han blind, och hade upphunnit 97 års ålder. Vi hafva derföre i öfversättningen satt *hittioårig* i stället för åttioårig.

9) St. xiii. Att de Venetianske hästarne skulle blifva betslade.

10) St. xiv. S:t Marks lejon, som ses på Republikens fana, har gifvit anledning till ordet: Pianta leone, Pantaleon, Pantalon.

11) St. xv. Venedigs förfall, sedan det upphört att vara sjelfständigt, är otroligt. Folkmängden mer än till hälften minskad: 72 adeliga palatser nedrifna inom 2 år, då regeringen genom förbud hämmade förstörelsen, men kunde icke hämma den, som sker genom brist af underhåll: handeln, sjelfva källan till Republikens förra storhet, afstadnad — allt sådant och mycket mer vittnar derom.

12) St. xvi. Se Plutark, Nicias lefverne.

13) St. xviii. Venedigs frelsning, Udolfs mysterier, ✻ Andeskådaren, köpmannen i Venedig, Othello.

14) St. xx. Förf. nyttjar det Tyska, förmodligen äfven det Schweitzerska namnet *Tanne.*

15) St. xxviii. Ofvanstående beskrifning torde synas fantastisk och öfverdrifven, för den som ej sett en Italiensk eller Orientalisk himmel. Den är dock en noga, men svag teckning af en afton, den 18:de i Augusti månad, sådan som Förf. den betraktat under en af flera ridfarter på stranden af Brenta, nära Mira.

16) St. xxx. Så väl underrättad man är om Petrarca, så litet vet man med visshet om Laura, för hvilken han i 21 år skall hafva suckat förgäfves.

17) St. xxxi. Petrarca hade tillbragt de fyra sista åren af sin lefnad, ömsom i den här beskrefna ljufva ensligheten, ömsom i Padua. Man ser i Arqua, utom hans graf, det rum der han i sitt bibliothek fanns död, sittande på sin vanliga stol med hufvudet på en bok.

För öfrigt, se Lord Byrons utförliga noter.

18) St. xxxiv. Förf. anser lika troligt att striden sker med demoner, som med våra bättre tankar. "Satan, säger han, valde öcknen, att fresta Frelsaren;

och vår obefläckade Locke föredrog ett barns när-
varo för fullkomlig enslighet."

19) St. xl. Dantes poemer, bland dem l'Inferno, kal-
las i Italien, la divina comedia.

20) Ibid. Då ett så stort och förträffeligt poem som
Ariostos Orlando furioso ställs i bredd med Roma-
ner och små poesier, om också af högsta värde i
sitt slag, torde vänskap och landsmanskap hafva nå-
gon del deri. _Öfvers:s not._

21) St. xli. Ariostos byst, som stod på hans graf,
blef träffad af en ljungeld, och lagerkransen kring
hufvudet, bortsmält. Lagern troddes bevara för
åskan. I Rom ansågs åskan helga hvad den träffade.

22) St. xlii. Denne och den följande Stanzen äro, på
en eller två rader när, öfversatte från Filicajas
ryktbara sonnett: "Italia, ah Italia," m. m.

23) St. xliv. I det berömda brefvet från Servius Sul-
picius till Cicero öfver hans dotters död, beskrifs som
den då var och ännu är, en trakt, som Förf. ofta
genomfarit till lands och vatten.

24) St. xlvii. Poggio, seende från Capitolium, på
det förstörda Rom, utropar: "Ut nunc omni decore
nudata prostrata jacet, instar gigantei cadaveris, cor-
rupti atque undique exesi." ap. Sellengre Thesaur.
tom. 1. pag. 501.

25) St. xlix. Statyen Venus de Medicis, antik, aldrig
öfverträffad.

26) St. liv. Detta ställe, som besöks af nästan alla
fremlingar i Italien, påminner ej allenast om de
store Författare som äro der begrafne, utan äfven
om den, hvars vältalighet utgöts öfver deras aska,
och hvars röst är nu lika stum med deras som hon
besjöng. Corinna är ej mer!

27) Ibid. Alfieri är nutidens stora namn. Hans orima-
de men ljudfulla verser bevisa att rimmet ej utgör
poesien. _Öfvers:s anm._

28) Ibid. ' Machiavellis öden och de olika omdömen som öfver honom varit fällda, äro allmänt bekanta.

29) St. LVI. Boccaccio.

30) St. LVII. Dante, född i Florens, hade stridt i tvenne fältslag, varit fjorton gånger Ambassadör, och en gång Republikens Prior. Han blef sedan dömd landsflyktig, och en gång att lefvande brännas. Efter hans död, som ' inträffade i Ravenna, der han slutligen mest vistades, blef han så godt som förgudad af samma folk, som hade fördömt honom. Han är begrafven i Ravenna.

81) Ibid. Den äldre Scipio Africanus hade en minnesvård, om ej sin graf, nära hafsstranden, der han vistades i sjelfvillig landsflykt. Inskriften säges hafva varit *Ingrata Patria*. Någre påstå att hans ben hvila i Rom.

32) Ibid. Då Petrarca, år 1350, redan lagerkrönt, besökte sin födelseort, Florens, iakttogo icke hans landsmän tillfället att upphäfva det decret, hvarigenom hans fader hade blifvit landsförvist (snart efter Dante) och hans egendom konfiskerad. Då Petrarca sedan behöfdes vid inrättandet af deras Universitet ångrade de sin orättvisa, och sände Boccaccio till honom i Padua att bedja honom tillbringa sina öfriga dagar i sin fosterbygd, der han uppmanades att fullborda sin odödliga *Africa,* under åtnjutande af allmän högaktning och sin återställda förmögenhet. "Skulle," skrefvo de, "i stylen af vårt "bref, finnas något, som misshagar dig, bör det va-"ra ett skäl mer för dig, att bifalla ditt fädernes-"lands önskningar." Men Petrarca föredrog att göra en valfart till Lauras graf och Vaucluses älskade skuggor.

33) St. LVIII. Boccaccio var begrafven i en kyrka i Certaldo, liten stad af landet Valdensa, som af några troddes vara hans födelseort. Skenhelighets hyænan uppref och bortkastade hans grafsten.

34) St. LX. Vår vördnad för de Mediceiska Hertigarna, begynns med *Cosmus, Medices, Decreto Publico, Pater Patriæ;* och slutas med hans sonson. Under de öfriges despotism, säges Toscana hafva förfallit till en otrolig grad, och dess folkmängd hafva minskats till ⅓ af hvad den var.

35) St. LXIII. Detta jordskalf — då delar af städer förstördes, floder ändrade sitt lopp, hafvet uppdrefs i älfvarna, äfven berg ramlade — märktes ej af de stridande; så stor var deras ifver. Se Livius, Lib. XXII Cap. XII.

36) St. LXVI. Alla resebeskrifningar berömma Templet vid Clitumnus och dess sköna nejder.

37) St. LXXI. Förf. föredrar fallet vid Terni för de Schweitzerska; Staubach, Reichenbach, Pissevache, Arpenaz, m. fl. föreföllo honom som små bäckar i jemförelse med detta. Rhenfallet vid Schäffhausen hade han ej sett. Huru olika en sak kan betraktas af olika ögon, ses af hvad Grefve Ehrensvärd endast säger härom i sin resa till Italien sid. 19.

"Fallet vid Terni är otroligt, med grumligt vatten och smal ström." Grefve Ehrensvärd var en af tidens störste tecknare i figur, ej landskapsmålare.

38) St. LXXII. "In eodem lacu, nullo non die apparere arcus." Plin. Hist. nat. L. II. C. LXII.

Redan i Ciceros tid ansågs nejden som Italiens Tempe. "Reatini me ad sua Tempe duxerunt." Cic. ep. ad Attic. XV. lib. IV.

39) St. LXXV. Förf. ifrar med skäl emot felet att låta barn läsa, och intruga i deras minnen hvad de ännu ej mognat att förstå; och detta tillskrifver han sin afsky för Horatius.

40) St. LXXIX. Om denna och de två följande Stanzerna, kan ses Historical illustrations of the IV Canto of Ch. Har.

41) St. LXXXI. *Eureka,* han har funnit, invenit.

42) St. LXXXII. Orosius uppgifver 320 triumfer. Han har följts af andra Författare.

43) St. LXXXIII. Syllas abdikation synes hafva försonat hans tyranni, äfven hos hans landsmän; ty han vördades, sedan han nedlagt makten och lefde som enskild.

44) St. LXXXVI. Den 3 September hade Cromvell vunnit slaget vid Dumbar; på samma årsdag hade han vunnit flere framgångar; och på samma dag inföll sedan hans död.

45) St. LXXXVII. Pompeji stod, hvarom mycket är tvistadt. Den är likast hans medaljer.

46) St. LXXXVIII. Härom är ock mycket tvistadt.

47) St. XC. Man kan vara stor, och vara mindre än Cæsar. I en tid, så fruktsam på män af stora egenskaper, öfverträffade han alla i alla delar. Lord Bacon ansåg honom som den fullkomligaste i hela fornåldern.

48) St. XCIII. Cicero sade detsamma. Aderton hundra år, sedan förflutna hafva icke medfört någon förändring deruti.

59) St. XCIX. Cecilia Metellas graf, nu kallad Capo di Bove, på den Appiska vägen.

50) St. CIII. Förmodligen Crassus.

51) St. CVIII. Cicero och hans samtida Romare skrattade åt Brittaniens barbari och uselhet. Rom föll; och Britannien är stor och mäktig.

52) St. CX. Trajani kolonn öfverstigs i höjd af S:ct Peters kyrka; M. Aurelii af S:t Pauls.

53) St. CXI. Då Romare ville smickra Kejsarne, hans efterträdare, sade de: ”Felicior Augusto, melior Trajano.”

54) St. CXIV. Rienzis bedrifter ses af Gibbon. Några detaljer äfven ur otryckta manuscripter rörande denne olycklige hjelten, finnas i Hist:l illustr:ns of Ch. Harolds IV Canto.

(190)

55) St. cxv. Berättelsen om Numa Pompilius och Egeria, och att hon ingaf honom sina lagar, är allmänt känd. Mycket tvistas om grottan och källan, som bära hennes namn.

56) St. cxxvii. Förf. säger i noten: "Den som ej vill resonnera (öfverväga, undersöka) är en bigot; den som ej kan, en dåre; den som ej törs, en slaf."

57) St. cxxxii. Gudinnan Nemesis vördades och fruktades högt i Rom. Den lycklige Augustus, af fruktan för hennes återslag, ställde sig, en gång om året, som tiggare med öppen hand, att emottaga allmosor.

58) St. cxl. Mycket är tvistadt, om Statyen, kallad den döende gladiatorn, föreställer en sådan, eller en grekisk härold, som blef mördad af Oedippus, eller en annan, mördad af Athenienserna, eller en Spartansk sköldbärare. I alla fall är statyen högst förträffelig; och dertill kan lämpas hvad Plinius säger om en annan: "Vulneratum deficientem fecit, in quo possit intelligi quantum restat animæ." Hist. Nat. L. xxxiv. C. viii.

59) St. cxli. Gladiatorer voro dels tvungne, såsom slafvar sållde dertill, brottslingar, barbariske fångar sedan de förts i triumf, rebeller tagne och dömde till detta straff; dels frivillige som blefvo det för betalning (auctorati) eller af en dåraktig ärelystnad.

60) St. cxlii. Då en gladiator var sårad, fällde han vapnet, geck fram och bad åskådarne att få behålla lifvet. Hade han stridt väl, hände att det beviljades; annars vändes tummarne nedåt; och han dödades.

61) St. cxliv. Svetonius säger: att Julius Cæsar fägnades af Senatens dekret, att han skulle bära en lagerkrans — mer nöjd att skyla det han var skallig, än att visa det han var verldens inkräktare.

62) St. cxlv. Detta är sagdt af Gibbon. För öfrigt

om Coliséen, se Hist:l ill:ns to the iv Canto of Ch. Har.

63) St. cxlvi. Ehuru beröfvad allt som var af koppar, utom ringen, som sammanhåller den öfra öppningen, ehuru utsatt för eldsvådor och öfversvämningar och alltid öppen för regn, har denna rotundan bättre bibehållit sig än något annat monument från samma tid.

64) St. cxlvii. I Pantheon äro ställde nyare tiders store, eller åtminstone utmärkte mäns bildstoder.

65) St. cxlviii. Det sanna eller så ansedda stället, der den nedannämda vackra gerningen föreföll, visas för fremmande, i kyrkan S:t Nicolaus in carcere.

66) St. clviii. Grefve Ehrensvärd i sin resa till Italjen, uppgifver en annan orsak, hvarföre storheten i det inre af S:t Peters kyrka ej straxt frapperar, nemligen: "Inuti är kyrkan som en byggnad, hvil-"ken hade vext och tilltagit i ett jemt förhållande:"deraf hände nödvändigt att rummet intet blef nog "stort, fastän folket blef för smått. Om på detta "sättet, man byggt kyrkan som hälften af Rom; ha-"de man önskat henne stor." . Öfvers:s not.

67) St. clxviii. Engelska Prinsessan Charlotta, förmäld med Hertigen af Sachsen Coburg, Leopold, nu Konung i Belgien. Öfvers:s not.

68) St. clxxi. Maria dog på stupstocken, Elisabeth af sorg, Carl d. V som eremit, Ludvig d. XIV som bankrutt på penningar och ära, Cromwel af ängslan — och den störste, Napoleon, som fånge. Mycket kunde tilläggas.

69) St. clxxiii. Detta är en af de största och minst förberedda öfvergångar, som träffas i detta poem — från Englands sorg öfver Prinsessan Charlottas död, till byn Nemi, i Italien. Om det är ett fel, är dess ursäkt geniets flygt efter ingifvelsens vink.

Öfvers:s not.

Ibid. Byn Nemi, nära Egerias Ariciska boning, behåller ännu det utmärkande namnet *Lunden*, af de lummiga skogar, som omgifva Dianas Tempel. Till Nemi, är blott en aftonridt från det behagliga värdshuset Albano.

70) St. CLXXIV. Arma virumque. Hela banan för Æneidens sednare hälft, medelhafvet och kusten från ofvan Tiberns utlopp, till hufvudlandet af Circæum och Terracinas udde, synas från klostret på spetsen af Albaniska höjden, som efterträdt den Latinske Jupiters Tempel. Sluttningen från denna höjd, är af ovanlig skönhet.

CPSIA information can be obtained
at www.ICGtesting.com
Printed in the USA
BVHW052337090223
658265BV00032B/700

9 781166 453091